特别鸣谢
上海申迪文化发展研究院

上海促进文化创意产业发展财政扶持资金项目

Retrospections
of Walt Disney
in Shanghai

A CITY CHRONICLE OF ROC

# 迪士尼上海往事
## 民国时期的城市记忆

上海图书馆文献提供中心　编著

上海科学技术文献出版社
Shanghai Scientific and Technological Literature Press

编委会
**程 放　周德明　陈 超　宾 锋　金 涛　陈 云**

策划／统稿
**陈 喆　张希迦**

编写组
**汤丽蓉　张 帆　陈燕梅　朱文青　徐 凡**

# 目 录

前　言：老早之上海迪士尼 .................................................. 11

第一章　迪士尼进入上海 .................................................... 15
 一、洋娱乐的进入 ....................................................... 17
  走向国际化的大都市 ................................................ 17
  洋娱乐的传入 ...................................................... 19
 二、迪士尼初登上海滩 ................................................... 26

第二章　迪士尼在民国上海的娱乐文化呈现 .................................... 31
 一、民国报刊上的迪士尼世界 ............................................. 35
  迪士尼卡通形象常占媒体版面 ........................................ 37
  "明星效应"引导市场，迪氏成功学遭沪媒热捧 ......................... 39
  广告的宠儿——米老鼠与白雪公主 .................................... 45
  卡通主角竞相亮相一争高下 .......................................... 47
  迪士尼电影花絮不时见诸报端 ........................................ 49
 二、图书出版与迪士尼娱乐 ............................................... 51
 三、电影娱乐中的迪士尼 ................................................. 56
  迪士尼动画片登陆上海各类影剧院 .................................... 57
  迪士尼动画电影广告的连续投放 ...................................... 59
  迪士尼电影作为加映内容吸引观众 .................................... 61
  南京大戏院成为迪士尼影片的主要放映地 .............................. 62

第三章　迪士尼与民国上海的童话想象 ........................................ 63
 一、白雪公主 ........................................................... 65
 二、木偶奇遇记 ......................................................... 66
 三、幻想曲 ............................................................. 69
 四、米老鼠的童话世界 ................................................... 75

第四章　迪士尼与民国上海都市生活...................79
　一、娱乐界与迪士尼...................81
　　　中国的白雪公主...................82
　　　与华德·狄斯耐"别苗头"：万籁鸣再制卡通片...................84
　　　米老鼠与上海本土明星的相遇...................86
　　　月份牌与迪士尼卡通...................88
　　　特约长篇漫画——米老鼠两游上海滩...................89
　二、上海市民与迪士尼...................92
　　　《白雪公主》创造票房纪录...................93
　　　《白雪公主》的衍生品深受喜爱...................94
　　　《木偶奇遇记》再掀观影热潮...................96
　　　迪士尼影片成为吸引观众及庆祝节日的手段...................98
　　　沪媒不断为市民带来迪士尼全球动态...................99
　三、文化界与迪士尼...................101
　　　17岁的张爱玲：论卡通画之前途...................102
　　　林语堂三谈米老鼠...................104
　　　张光宇的迪士尼肖像...................106
　　　万莘鸣、万古蟾述：谈谈电影卡通漫画...................108
　　　鲁迅日记里的米老鼠...................110

## 第五章 迪士尼卡通知识在民国上海的传播 .......111

### 一、迪士尼动画的配音 .......114
从无声动画到有声动画 .......114
民国报刊关注迪士尼动画配音技术 .......115
迪士尼动画的配乐 .......118

### 二、迪士尼动画制作 .......120
从黑白片到彩色片 .......120
从短片到长片 .......122
民国报刊好奇《木偶奇遇记》的制作 .......123

### 三、迪士尼工厂探秘 .......125
迪士尼动画片场巡礼 .......126
迪士尼的工作室 .......128

### 四、迪士尼卡通片对中国动画电影的影响 .......129
早期中国动画 .......130
迪士尼卡通片的影响 .......131

## 第六章 战和之间——迪士尼动画对上海的本土叙述 .......135

### 一、迪士尼动漫中的世界主义内涵 .......138
### 二、迪士尼动漫在上海本地化的传播 .......142
### 三、迪士尼与中国抗战 .......151

## 结 语 .......157

# 前　言

## 老早之上海迪士尼

本书即将付梓之际，已是2015年岁末，距上海迪士尼乐园正式开园，还剩下不到半年。

由于合作申报并获得了上海市文创基金"全球主题乐园行业数据库平台"项目，上海申迪集团与上海图书馆团队在聚焦迪士尼发展史的过程中，也对"迪士尼与上海渊源"课题产生了浓厚的兴趣。2014年8月，汤丽蓉老师首先完成了基于上图馆藏民国上海报纸的相关研究，尘封的历史一旦被翻开，迪士尼上海往事的丰富和有趣便令人目不暇接。于是，进一步激活馆藏民国报刊、图书文献，写一本书，打通历史文脉，重拾这一段城市人文记忆，便成了大家共同的愿望。

二十世纪三四十年代的魔都上海，正处风雨飘摇的年代，也是风云际会的所在。当迪士尼卡通形象第一次来到这样的大时代和大场面，它所激起的娱乐风尚，所引发的文化想象，所带来的消费热潮，以及它对中国动画美术初创所起的引领作用，对于我们这些年轻的研究者来说，当我们低头面对80年前的文献，仿佛完成了一次穿越，无不感受到迪士尼力透纸背的巨大能量。而这种影响又反过来催生出当时上海对于迪士尼的本土化叙述，中国版《白雪公主》电影、《米老鼠游上海》漫画、《唐老鸭大闹火焰山》绘本等系列产品的出现，将穿旗袍的米妮、坐黄包车的米奇、八仙过海的白雪公主等形象不断推出到市民面前，成就了米老鼠初登上海滩的冒险故事里最迷人的戏码。接下来将要出场的，有17岁的张爱玲，有最后岁月的鲁迅，有属于白富美的影星王人美，也有民国渣男王先生……

在过去的半年时间里，走进民国文献中的上海，在发黄的书页间，找寻那一抹曾经的五光十色，上图文献提供中心的张帆、陈燕梅、朱文青、徐凡等老师也都付出了大量心血。而在整个编撰成书的过程中，申迪和上图领导始终给予了大力支持，申迪研究团队的陈云、张希迦等同志，上海师范大学历史系的洪煜教授研究团队，袁银昌工作室的设计团队，都对本书提供了很多帮助，在此一并表示感谢！

　　上海与迪士尼在民国的相遇，就像是一场没有来得及做完的绮梦，而这个梦终于要在2016年的春天变得如此盛大，成为我们民族复兴之路上重新拥抱世界的伟大中国梦的一部分。

　　米老鼠将再一次步入上海舞台的中心，属于上海的又一段城市传奇即将展开。

　　在您走进上海迪士尼乐园之前，不妨先来读一读我们为您献上的这一册迪士尼上海故事的前传吧。让我们回到故事的开头——

　　Long long ago...

陈喆（2015年12月30日）

第一章

**迪士尼进入上海**

## 一、洋娱乐的进入

### 走向国际化的大都市

1840年,大清王朝的水师在沿海各处无力抵抗大英帝国的皇家海军,拜倒在世界头号海军的三叉戟下,两年后双方签订《南京条约》,除了赔偿2100万两银元之外,清政府被迫开放上海在内的5个通商口岸。从此,华夏历史进入其近代部分,被迫纳入到世界贸易体系中,而上海作为长三角地区的前沿城市,其今后历史的发展则与西方文化紧密地联系在一起,世界各地的人们纷纷涌向上海,寻找心中的梦想,缔造了"东方巴黎"。

上海地理位置优越,位于长江下游尽头,东临太平洋。过去,身在农业文明环境中的上海似乎只是苏杭中间并不起眼的小村落,受制于明清两代政府的海禁政策,上海始终无法拥抱大海,但是,随着世界贸易线的打通,海洋贸易的兴起与繁荣在欧洲已经改变了无数城市,而在19世纪,这样的命运则落到了上海身上。精通于远洋贸易的欧洲人对上海早已垂涎三尺,比中国人更早发现了其价值。苏格兰的植物学家罗伯特·福琼(Robert Fortune)于1843年底参观了上海感叹道:"上海在不久的将来会变成最重要的外贸港口。对畅销的出口商品茶叶和丝绸,对在中国最偏远地区销售印度、英国和美国船只运来的棉花、纺织品和金属制品等来说,她的位置比任何其他港口都优越。"[1]

---

[1] (法)贝尔纳·布里赛(Bernard Brizay). 上海:东方的巴黎. 刘志远译. 上海:上海远东出版社, 2014:6.

开埠后的上海迅速利用其区位优势,发展转口贸易,成为连接中西的货物流通枢纽。在开埠后的头10年里,上海在茶叶和生丝两大传统出口货物贸易中的贸易额便超过了原先的外贸城广州。此后,上海便坐稳了中国贸易中心的称号,从未旁落。

繁忙的转口贸易也催生了金融服务业的发展。今日壮丽的外滩万国建筑群,其前身正是西方各大银行的办公地址。各大金融机构,银行、钱庄、信托公司、交易所均汇集于此。英国的汇丰银行堪称王冠上的宝石,不仅业务实力雄厚,其建筑之雄伟也为当时一绝。上海为此赢得"东方华尔街"的称号,被视为远东的金融中心。

19世纪是个移民的世纪,在自由贸易的引领下,西方将触角伸向世界,地球上的每一个角落都是可创造财富,实现人生华丽转身的舞台。开埠后的上海展现出的财富机会,让无数投机客为之疯狂。自英国设立租界以来,美国、法国也于1848、1849年趁势搭上了便车,各自建立国中之国。租界内的洋人拥有自己的法律体系和行政机构。这让许多西方人不仅视上海为淘金之地,更视为栖身之所,举家搬迁,并开办学堂、教堂、医院,形成各自风俗的自治社区。这种现象如同磁铁一般吸引了更多的人前来。至20世纪30年代,上海的侨民人数已达到近5万,遍及不同国家、不同种族。经济上的腾飞也吸引了江浙及全国的移民,洋人的资本输出,本土工业的兴起培育了工人阶级,金融、外贸的繁荣也产生了买办、银行职员等新的职业及社会阶层,此时的上海无愧于远东国际大都市之称。

19世纪70年代后,电灯、内燃机、电话等新科技你方唱罢我登场,科技界的发明呈井喷态势,电力和现代交通工具的使用彻底突破了城市生活的时间和空间约束,灯红酒绿、不夜城等词汇也随之应运而生。1882年,公共租界成立了上海电光公司向全市供电。电力照明系统的建立为上海的商业生活、城市景观、休闲娱乐提供了持续不断的保障。1930年代的电影女明星周璇在电影《长相思》插曲《夜上海》中唱道："夜上海，夜上海，你是个不夜城；华灯起，乐声响，歌舞升平。酒不醉人人自醉，胡天胡地蹉跎了青春。"[1] 由此可见夜上海已成为当时娱乐繁荣的代名词。

城市交通的现代化改变了城市娱乐场所的空间布局形态，促进城市居民具有了现代意义上的娱乐时空观念，为形成城市内外统一的游客市场准备了条件。1873年，法国人米拉将人力车引入上海。3年后的一天，营业性铁路上海吴淞铁路通车。1901年，第一辆进口汽车行驶在租界马路上。1908年，第一辆有轨电车正式上路了。各式各样的交通工具拓展了城市生活的空间，节约了更多的时间成本，加快了城市的生活节奏，因此，上海滩的马路始终川流不息，到了夜晚则灯火通明。

## 洋娱乐的传入

### （1）早期西方娱乐的传入

1845年，英国总领事巴富尔（Balfour.）与清政府签订《上海土地章程》，开辟了在国内的第一块租借地。英国领事对居留地内的外国人有专管之权，无须中国官吏过问，可以设立消防机关，雇用更夫维持秩序。这种特权无疑使洋人们能复制在自己国家的生活、管理模式，在上海建立属于自己的"小伦敦""小巴黎"。

---

1 （美）爱狄密勒. 上海一冒险家的乐园. 包玉珂译. 上海文化出版社，1982：87.

随着洋人的涌入，其生活方式、休闲娱乐的习惯也渐渐带入上海。最早洋人的娱乐并不具备商业性，仍属于闲暇之余自我的消遣。例如，洋人在黄浦江岸垂钓或者外出打猎。上海本地人对此着实诧异，思忖有钱的洋人为何不雇人，尚不知此为个人陶冶情操之举。此时传统娱乐生活中的茶馆、戏院、私园等仍具生命力，"洋娱乐，洋人乐"仍是社会的主流行情。

魔术和马戏是最早带给上海市民视觉冲击并引起良好的市场反应的西洋娱乐节目。1874年6月，英国魔术师在上海丹桂园的表演曾经引起轰动，西方经典的魔术节目，如飞纸牌、帽中取物、身首分合等倾倒了无数的市民。相比于中国传统杂技，魔术表演更为惊险刺激、节奏更快、颇有悬疑感。1882年，美国的世界级马戏团在号称"天下第一马师"——车利尼（Chiarini.）的带领下，在上海展开为期两个月的演出。演出场所设在虹口巡捕房（靠近今塘沽路峨嵋路）后面，临时搭建的马戏场可容纳数千名观众。"是戏共演月余，每夜观者约二三千人。"[1] 而当时公共租界外侨总人数还不足3673人，可见马戏团市场演出容量已经远远超出了外国侨民的观赏需求，显然已转向上海本土市民。

### （2）西学东渐

西方文化的传播有个渐进的过程，在与洋人做生意的过程中催生了新生的社会阶层，如买办、资本家等。他们成为最早与洋人接触交流的中国人，自然逐渐接受了洋人的生活习惯。随着他们财富的增加，社会地位也日趋上升，其生活方式便成为了上流社会生活的标志，吸引达官

---

[1] 楼嘉军. 上海城市娱乐研究 1930-1939. 华东师范大学博士毕业论文，2004：27.

贵人竞相效仿。西人的生活习惯先是在中国的上流社会中流行，晚清以后，普通市民也受其影响，逐渐与西方文化合流。

饮食和服饰是率先被华人所接受的习惯。去西餐馆吃大餐是老上海饮食中的保留节目。上海拥有各种不同国家风味的餐馆，餐馆内装修华丽，气氛优雅，洋人重视用餐环境的细节很快感染了中国的上流社会，如有重要约会、生意，西餐馆是最佳的选择地点。至民国时期，吃西餐已然成为一种风尚，市民对此趋之若鹜。西餐馆的店面也很多，比较著名的包括四马路上的一品香、岭南楼等。

咖啡馆同样是对上海市民影响深远的舶来品。19世纪80年代虹口地区已经有单独经营的咖啡馆面世，主要面向航海人员。最初仅是外国侨民休闲娱乐的天地，后来渐渐吸引不少在外国洋行工作的职员们，最后成为上海市民，特别是青年男女热衷前往的聚会、休息和娱乐的场所，因为在人们看来"坐咖啡馆里的确是都会摩登的一种象征。"[1] 咖啡馆内多采用火车的箱式座位，创造了一种私密的空间，与中国传统的喧闹的茶楼截然不同，馆内人们压低说话声调，唯恐打扰他人，氛围宁静优雅，为广大情侣、文化人士所喜爱。法租界内的咖啡馆最负盛名，爱狄密勒对法租界亚尔培路（今陕西南路）的咖啡馆有过如下的评述："塞维尔咖啡馆真是一个奇特的所在。它的服务、菜肴、酒浆和顾客，都使人忘记是处身在上海了。""它可以说是巴黎的一隅"。[2] 窗外梧桐的落叶，馆内高挑的女侍，舒缓的音乐，配上浓郁的咖啡，这样的景色正是法国文化在上海打下的烙印，"东方巴黎"的美名也从此传开。也正是如此，以后喝咖啡成为上海海派文化的标志，让无数上海人为之自豪。

---

1　杨斌华. 上海味道. 长春：时代文艺出版社，2002：117.
2　（美）爱狄密勒. 上海—冒险家的乐园. 包玉珂译. 上海文化出版社，1982：87.

晚晴之际,服装革命也悄然进行。民国成立之后追求时髦的服饰则更为普遍。传统的长袍马褂逐渐让位于西式大衣、围巾、皮鞋等。不少人情愿挨饿也要买一套体面的西装,因为,西装革履是进入上流社会的基本通行证。五四之后,随着新文化运动的开展,国人更渴望突破传统束缚,而服装作为外表则是最先被广为接受的。女性的服装首当其冲,从过去缠足的保守文化中走出来的女性更渴望展现自我的形体之美,故而连衣裙、新式旗袍甚至更为裸露的时装越发为年轻女性接受。衣服更短,更为裸露是时装界的趋势,当时的竹枝词有如此描绘:"短袖难将窄袖笼,紧围皓婉露香葱,动人颜色迷人手,半臂缠来内盘空。"可见此时,西方生活习惯已渐渐为市民所接受,也为西洋娱乐在上海的全方位流行奠定了基础。

### (3)娱乐业的繁荣年代

自晚清之后,本地市民对西方文化的认同感逐渐提高,生活习惯也随着民国的建立而日渐西化。租界的扩大、洋人的增加也使原来的娱乐不仅局限于个人的陶冶情操,更具商业化的娱乐场借此逐渐兴起,娱乐的品种也越发丰富,不仅如此,这些舶来品已不仅仅是洋人的专利,上海市民也乐在其中,中西合璧,形成了庞大的娱乐市场,共同谱写了上海近代史上华彩的乐章。

**疯狂的博彩:赛马**

作为上海城市的名片之一,人民广场的前身是占地28.67公顷(约430亩)的远东第一跑马场。

赛马起源于英国,作为中世纪骑士精神的传承,深受英国绅士们的喜爱。上海的赛马最初局限在侨民内部,实行会员制,一年进行两次比赛。

**小贴士** 上海跑马总会(Shanghai Race Club)俗称"跑马厅",位于现在上海市中心的人民广场和人民公园区域。1845年,英国人开始在这一区域圈地赛马,后经历三次扩建。股东主要为洋行大班。上世纪20、30年代跑马厅进入到全盛时期。1941年太平洋战争爆发,日军占领公共租界,跑马赛事停办。新中国建立后,改建为人民广场和人民公园。

真正引爆沪上赛马情结的是博彩被引入比赛中。1909 年，跑马总会通过决议向中国人开放参与跑马彩票的竞猜活动，围绕跑马赌博的彩票纷纷诞生。跑马赌法主要是通过购买马票进行参赌，跑马票分为"位置""独赢""连位""香槟票"等种类。普通马赛每星期举办一次赛马，除去夏天，全年举办约 36 次。香槟赛（即冠军赛，champion 音译）每年 5 月和 11 月举行，每次为期 4 天。香槟票分为大小两种，大香槟票又称 A 字香槟票，只限于会员购买。小香槟票又称为 B 字香槟票，以中国人为对象。奖金最初设为 10 万，最后提高到 22.4 万元，而购买成本仅为 10 元。这种一夜暴富的机会引无数英雄竞折腰，华人好赌的性格更让这种活动变得疯狂。据传，浦东一周姓农民曾立"饭可以少吃，香槟票不可不买"的遗嘱。报纸上亦时常有因赌马而倾家荡产的故事。在这过程中，跑马厅自然成为最大赢家，仅发售彩票就在 20 年间赚取 5 亿银元。可以说每年的比赛便是全民疯狂的节日，各路名流汇集于此，边欣赏比赛，边做生意。除了比赛本身，赛后的社会反应也是各大报社争相报道的重点。

**纸醉金迷，歌舞升平**

1850 年，在英租界内，上海举办了第一次西式舞会。由于早期租界内男女比例失调，加上此时的华人仍受男女授受不亲的思想影响，舞会尚未达到火热的状态。1897 年 11 月 4 日，正值慈禧六十大寿，上海道台蔡钧举办圣宴，并安排舞会招待外宾。此次舞会盛况空前，请柬共发出 600 多份，各国领事，商界要员纷纷出席，也引来众人围观。进入 20 世纪后，交谊舞在青年人间广受欢迎，主要包括"布鲁斯""华尔兹""伦巴"等，圣约翰大学建有专门的交谊室供学生活动，可见舞会是校园生活中必不可少的一部分。

二三十代跳舞的热潮逐渐席卷上海滩，为此出现了以商业为目的的舞厅。1930年舞厅数量一度达到创纪录的39家，在这之中最出名的当属四大舞场，包括百乐门、礼查饭店、一品香旅社、大华舞厅。其中百乐门号称"远东第一府"，是当时最为先进的夜总会和舞厅。其装饰极尽华美，水晶玻璃地板，弹簧舞池，交错的镁光灯，令人如在仙境，难以自拔。舞厅里的舞女们穿着时髦，美艳动人，来自于世界不同的地区。乐队也是国外的，通常演奏美国流行的爵士乐。

### 王冠上的明珠：电影

1895年电影作为一种新型的艺术形式被法国的卢米埃尔兄弟所发明，第二年便传入到中国，作为众多娱乐活动中起步最晚的项目，电影却在二十世纪二三十年代，发展最为迅速，成为当之无愧的最为流行的娱乐方式和时尚潮流，将上海的娱乐文化推向高潮。

上海首次上映电影之处普遍被认为是1896年在徐园"又一村"内，当时《申报》刊登了广告，简单介绍了影片的内容。早期的电影放映仍带有强烈的中式色彩。洋人借助国人的茶园、酒楼、戏园等传统娱乐场所，播放形式是在传统的杂技表演、戏曲中间播放一段电影以供观众娱乐。观众观看时也依旧与过去传统无异，评头论足者、大声喧哗者皆有。

经过10余年的发展，世界电影行业的发展也取得了重大突破，观看黑白默片已逐渐成为了西方社会中重要的生活环节。上海原先的茶楼、戏院已经逐渐容纳不下电影这座"大佛"，建立属于自己的放映空间已成为那个时代的要求。1908年，西班牙商人安东尼奥·雷玛斯（Antonio Ramos，安东尼奥·拉莫斯）在虹口的乍浦路海宁路路口租借了一块溜冰场，用铁皮搭建了有250个座位的简陋房子，取名虹口活动影戏园。雷玛斯自己配备了有声机器,在影院门口张贴剧照和广告,《申报》也推波助澜,爱凑热闹的上海市民奔走相告,250人的座位很快被填满,雷玛斯也因此大赚。

雷玛斯的成功点燃了沪上修建电影院的热潮。他本人率先对虹口的影院进行改造,将250人座增添至710座。之后,他又陆续建成虹口、万国、维多利亚等7个正式影院,成为虹口地区电影界最有影响力的人物。从1920年代开始,上海迎来了修建影院的高潮。从英国人在派克路(今黄河路)新建卡尔登大戏院,到1939年沪光大戏院落成,新建的影院多达50余家。新建影院的座位数量也越发增加,1920年代建成的影院座位基本在1000个左右,而1930年代落成的则要近2000座。上海的电影院数量冠绝全国,接近于排名第2~5位的总和。

电影院的兴起改变了中国传统的娱乐文化格局。原先热闹非凡的茶楼戏院园林逐渐被市民们遗忘,到1930年,愚园、张园已成历史。电影院内更好的音响效果、更为私密的空间、更为安静的环境均让年轻人及上流社会人士心驰神往,而看戏则日渐式微。电影艺术更是和媒体紧密结合,报纸上、马路上随处可见与电影有关的宣传海报。1932年,《申报》开辟了专门的《电影专刊》满足读者对电影技术、内容方面的需求。《良友画报》和上海电影事业的发展几乎同步,其封面女郎是最受读者追捧的版面,也成为该刊的一大特色。从第1期至130期,《良友》均选用女性作为封面,其中多为电影明星。《良友》的封面是众女星争奇斗艳的第二舞台,如胡蝶、阮玲玉等明星均曾在封面之列。可以说电影已经成为上海摩登文化的旗帜,电影院前,男的西装革履,女的身着高开叉的旗袍与高跟鞋,一头短卷发是自身品位的象征。正是在这种氛围下,迪士尼的动画风暴才能在上海刮起。

**小贴士** 大光明电影院是上海众多影院中最为夺目的,被称为"远东第一影院"。1933年由匈牙利建筑师拉迪斯劳斯·邬达克(Ladislaus Hudec)设计,从内饰、外观上大光明均展现着大气、精致、华丽的特点。奶黄色的外立面构成行进的风帆状,圆弧曲线从大厅贯穿整个影院,屋顶是大理石砌成的图案。影院采用最新式的放映机,与西方主要国家的大影片公司签订合同,确保新片能第一时间在上海上映。开幕式那天首映的便是米高梅公司的新片《热血雄心》,多部好莱坞热片均在这里留下痕迹。

图 1-1 米老鼠和布鲁托一起看《良友》
《良友》,1932-01-01

# 二、迪士尼初登上海滩

从一个默默无闻的画师到名动世界的动漫王国掌舵人,华特·迪士尼的人生无疑是充满传奇色彩的。和众多美国的企业家一样,迪士尼也是19世纪末20世纪初那个狂飙突进的年代美国梦的最佳范例之一,凭着自身的坚持与信仰成为时代的弄潮儿。无论是他艰难的创业历程、个人的艺术天赋和创新精神,还是米老鼠形象的诞生过程、那些里程碑似的动画作品对电影技术的颠覆性改变,都成为电影史上的佳话,在全球范围产生广泛影响。

在迪士尼的影片走红美国后,其片中的形象也迅速向世界传播。上海在20世纪30年代正值电影行业的黄金时期,迪士尼的卡通形象和他本人的传奇故事屡次出现在沪上的报刊上。通过对较有代表性的报刊资料的梳理,迪士尼的上海传播简史大致如下。

《良友》作为沪上一本娱乐性非常强的画报,率先介绍了迪士尼和他的米老鼠。在1932年1月刊中,画报用整版图片介绍米老鼠是美国最受欢迎的明星,并借机用迪士尼卡通形象PS了自己杂志封面,以"自拍"方式为《良友》做宣传(图1-1)。

此后,迪士尼本人的事迹也不断见诸报端。"著名的卡通画家""伟大的制作家""电影界罕有的伟大的功臣"之类的称谓屡见不鲜。说来有趣,除了《字林西报》《北华捷报》《大陆报》等英文媒体在报道华特·迪士尼先生用英文名字,不存在翻译问题外,其余上海媒体上出现的"华特·迪

图1-2 迪士尼及其卡通形象的圣诞节问候 《大陆报》，1936-12-24，A3版

士尼"称呼可谓五花八门。有人将之称为华纳狄司耐[1]、华德狄司耐[2]、华脱狄司耐[3]、华尔特狄司耐[4]、迭斯耐[5]、狄斯耐[6]、华尔特狄斯耐[7]、华德狄斯耐[8]、华达狄斯耐[9]、华尔脱·狄斯耐[10]、华特·狄斯耐[11]、华尔狄斯耐[12]、华尔脱狄士南[13]和华德狄斯奈[14]等。基本上以"狄斯耐"的叫法居多。而有天津的报纸则翻译成华尔狄斯里，可能念来更接近北方口音吧。至于当时迪士尼卡通人物名字的翻译，更是五花八门，米老鼠曾被叫做米鼠，白雪公主唤作雪姐儿，而唐老鸭则被称为唐鸭子、唐奴鸭或鸭子唐纳。

1936年12月24日的《大陆报》(The China Press)上，专门刊登了一则图片新闻，介绍迪士尼先生和他创造的卡通形象问候圣诞节。从(图1-2)上可以看到我们熟悉的米老鼠、唐老鸭、米妮等各式卡通形象，对于上海市民认识迪士尼起到了很好的作用。

小贴士《大陆报》(The China Press)于清宣统三年六月二十六日（1911年8月20日）试刊，9天后正式出版，为日报。由美商密勒、费莱煦、劳合等人和中国联合组织的中国国家报业公司筹备出版。中美双方各拥有一半股本，中方投资者有原驻美国大臣伍廷芳、沪宁铁路总办钟文跃等。费莱煦任经理，密勒任主笔，劳合任广告部主任。该报言论代表在沪美侨的利益，消息报道繁简得当，迅速及时，文笔活泼轻松，为上海最早的美国式编排的报纸，颇受读者欢迎，发行数一度超过《字林西报》。

1　米老鼠大闹马戏班．申报，1939-01-10（16）
2　老木匠在造着木偶 电影故事 本偶奇遇记 伊凡译．申报，1940-02-11（18）
3　学生卡通社．申报，1940-08-04（14）
4　「米老鼠」创作家 重制卡通片 供应承平时代之需要．申报，1945-11-27（02）
5　游艺界 漫谈三原色五彩片．申报，1939-04-11（16）
6　拥有四十万观众 白雪公主的卖座纪录．申报，1939-06-08（18）
7　狄斯耐荣膺去年卡通首奖．申报，1936-07-20（23）
8　艺术大师华德狄斯耐非常新结晶．申报，1939-08-28（15）
9　开卡通新纪元的华达狄斯耐．新民晚报，1947-04-10（03）
10　"米老鼠开报馆"．新民晚报，1947-10-07（02）
11　狄斯耐图画故事出版．新民晚报，1948-07-27（04）
12　幻想曲 华尔狄斯耐编导．文汇报，1946-12-28（10）
13　欣动一九三五年的大革命「色片」将代声片而继起．申报，1935-02-22（21）
14　上海的白雪公主狂 新亮．申报，1938-12-25（14）

图1-3 万古蟾及其卡通形象
《竞乐画报》，1936—第10卷，第43期第26页

图1-4 好莱坞影星照
《银花集》，1939年第12期第1页

  迪士尼在中国的成功也带动了中国动漫事业的发展。上海更是涌现出了大批优秀人才，其中，万氏兄弟在19世纪30年代也设计了中国的卡通人物，拍摄卡通片，引起了一定的反响。1936年《竞乐画报》刊登万古蟾与其创作的卡通形象（图1-3），由明星公司特别出品。甚至国外媒体也对此报道，美国知名的《体育画报》（Sports Illustrated）当年也报道了万氏兄弟制作属于他们的"米老鼠"。

  1937年，《知识画报》等杂志详细介绍了米老鼠动画的幕后配音工作。1938年起，《银花集》对"白雪公主"进行了报道，赞誉其为上海观众最受欢迎的影片之一。报道提到该片在第二轮公映时，依旧座无虚席，连映五场。上海人将白雪公主视为和贝蒂戴维斯、秀兰邓波儿一样的大明星，媒体除了刊登片中歌曲曲谱外，也刊登其照片等周边商品的广告（图1-4）。

  1939年，《艺府》刊登了迪士尼新作牛魔王斐道南和唐老鸭的漫画。《世风》杂志刊登了由中国画家范琅所作的特约长篇漫画《米老鼠游上海》（图1-5），分十多期连载。米老鼠玩腻了好莱坞，在上海滩掀起一股风浪，着实有趣。

**小贴士** 万籁鸣（1900年1月－1997年10月），中国动画之父。擅长电影动画、中国画。万籁鸣于1919年进入上海商务印书馆工作，主要创作广告画，并为杂志绘插图和封面。上世纪20年代，万籁鸣受美国动画片启发，联系中国的走马灯、皮影戏以及活动西洋镜的投影原理，与他弟弟们经过多次试验，于1925年绘制成功中国第一部动画片（广告片）《舒振东华文打字机》。1926-1940年万氏兄弟合作完成了《大闹画室》《国人速醒》等多部动画短片。1940年，完成了中国第一部长动画片《铁扇公主》。万氏兄弟是我国早期动画拓荒者之一。1954年万籁鸣从香港回到上海，任上海美术电影制片厂导演，制作了多部动画片。1964年他导演的中国第一部彩色动画长片《大闹天宫》完成。

1940年,《白雪公主》引起的观影热度不减,上海投拍的《中国白雪公主》在新光大戏院开映。当年,迪士尼出品的第二部长篇动画《木偶奇遇记》于南京大戏院、大上海剧院上映,被誉为1940年影坛大事,并取得了不俗的反响。电影被《大美周报》称为"白雪公主"的劲敌,该报多版详谈了其制作艺术和迪士尼出品动画的演变与发展,并给予了高度评价。《影迷画报》将"木偶奇遇记"称为教育性的文艺童话,突出其寓教于乐的积极意义。该报同年披露了迪士尼第三部作品《小鹿斑比》的消息。《好莱坞影讯》发表《唐老鸭压倒米老鼠》一文,称人气卡通形象再添丁。

图1-5 漫画《米老鼠游上海》《世风》,1939年第1期第22页

1946年,《影艺画报》介绍了"三骑士",称它是迪士尼动画作品的新高度,实现真人与卡通联合出演。同年,五彩卡通长片《幻想曲》于大上海影院上演。《影艺画报》以"此曲只应天上有!人间那得几回闻?"为题介绍了电影作品,并刊登其音乐指挥斯托考斯基的生平。

华特·迪士尼的创业历程充满坎坷,但是他以非凡的毅力、坚定的信念、敏锐的市场眼光、对于艺术的执著精神,辅之以随和的性格,使他在几次遇到危机时能够化险为夷;其创造的卡通形象都是纯真、积极向上的,在30-40年代经济危机、战争阴影乌云密布背景下,他的故事和卡通人物给了美国民众坚定的信心,而对于风云际会、风雨飘摇中的上海,他的影片同样也给人以希望,使人们相信所有的不幸最终都会随风而逝。

第二章

迪士尼在民国上海的娱乐文化呈现

上海的都市性与商业性，成为城市奢华与疯狂的资本，传播媒体的飞速发展，让这座本不安分的城市，活力迸发。到20世纪30年代，在上海出版发行的报纸种类达到1786种，占全国报纸出版发行总量的70.88%，不仅出版发行的种类居全国之首，且各具特色，大报如《申报》《文汇报》等新闻性较强的中文日报，加上《大陆报》《北华捷报》以及《字林西报》等外文大报，种类达500多种。上海各类小报更是眼花缭乱，单报纸种类就有上千种，小报自知在新闻性报道方面必定赢不过这些报界大腕，因而另辟蹊径，以消闲打趣的花边新闻吸引读者，也因此而更为大众喜闻乐见。另外，期刊的发行在这一时期达到鼎盛，1933－1935年上海期刊持续增多。1933年上海各类中文期刊共计215种，1935年沪上期刊达到398种，因此这一时期也有30年代的"杂志年"之称，外文期刊，仅英文杂志一项，据上海通社1933年的统计，有"二十一个月刊，十九个周刊"。30年代中国的五大出版机构——商务印书馆、中华书局、世界书局、大东书局和开明书店的总部均设在上海。上海大众媒体的迅速发展，逐渐与其文化和城市发展形成一种互生互动的关系。除了上述的纸媒外，上海电影娱乐文化的兴盛，为迪士尼电影在沪上的放映和传播制造了广阔的空间，"电影艺术的猛进，使影剧无敌地在上海市民的娱乐生活中占了最高的位置。"[1]1928年到1932年，一流的影院就有光陆、大光明、南京、新光、兰心、国泰6家，到了1933年，花百万金重建的大光明和耗资80万金打造的大上海，又先后在上海租界的中心点矗立起来。上海有了这样奢华的建筑、布置和设备的电影院，市民对于电影的推崇就更为起劲了。

---

[1] 上海通社. 上海研究资料续集. 上海：上海书店，1984：532.

20世纪30年代,美国的好莱坞电影开始进入沪上各大影院。电影行业在上海的兴盛,引发此时新进的好莱坞影星在上海滩与国产大腕叫板的风潮。在这些各具风采的影星中,有一类明星可谓是出尽了风头,他们是卡通形象始祖米老鼠与唐老鸭,他们是滑稽可笑的3只小猪,他们是想象中真善美的代表白雪公主,他们是说了谎话鼻子就会变长的木偶人匹诺曹,他们中有人物也有动物,有野牛也有小鹿,他们都是卡通大师华特·迪士尼笔下的墨画精灵,他们能做别人不能做的事,能玩人们不能玩的游戏,能跳各种舞蹈,能使你开心大笑,又会使你担心害怕,他们是来自儿童文学中富有教育意义的童话故事,他们又是寓言性质的动画电影,他们的影片故事老少皆宜,他们的配音、制作有着独特的秘密,这类好莱坞明星的出现,让娱乐之都为之兴奋。

一股迪士尼"旋风"瞬时席卷整个上海,沪上的各类报纸、杂志、图书,围绕迪士尼动画的文字报道与宣传风起云涌;上海各大电影院内迪士尼动画影片迎来观影热潮;"华特·迪士尼"成为各类报刊、杂志竞相报道的对象;米老鼠、白雪公主成为沪上各大商业公司产品的广告代言人;唐老鸭的卡通形象成为各大百货公司吸引消费者的橱窗悬挂物,迪士尼主题作品成套印上了新年贺卡。近代上海的文化娱乐形式因为迪士尼动画的到来而纷繁多样,市民娱乐内容随之丰富充盈。迪士尼这一舶来品,不可阻挡地引发了近代上海文化的新潮流。

迪士尼与1930年代的上海有着共同的文化记忆,它不仅丰富了当时上海的娱乐生活,也在大上海的各大媒体大放光彩。这一时期沪上报纸,如《申报》《大陆报》《文汇报》《新民晚报》《北华捷报》《字林西报》等无不刊载华特·迪士尼及其笔下的卡通人物,一时间米老鼠、白雪公主的形象置换掉了电影戏剧中的人物剧照,米老鼠的头像成为旧上海各大影院进行宣传的"主人翁"。同时,旧上海期刊,《良友》《知识画报》《影艺画报》《论语》《人世间》《滑稽世界》《儿童世界》以及《电影》《亚洲影讯》《电声》《好莱坞》等杂志,关于迪士尼卡通的文章有300篇左右。《米老鼠开报馆》《唐老鸭大闹火焰山》等迪士尼卡通图书相继在沪发行。这一系列关于迪士尼文化的娱乐宣传,让华特·迪士尼及其笔下的卡通人物形象,于近代上海受到热捧。米老鼠、唐老鸭、白雪公主等一系列经典的卡通形象深入人心,华特·迪士尼本人的"成功秘笈"更是成为媒体报道、采访和评论的焦点,迪士尼卡通影片几乎成为调剂人们日常生活的必需品。

## 一、民国报刊上的迪士尼世界

上世纪三四十年代,人们在沪上影院可以观看到最新的好莱坞大片,华特·迪士尼的米老鼠系列动画影片尤为叫座。沪上媒体对米老鼠以及有着"米老鼠的爸爸"之称的华特·迪士尼的关注与跟踪报道,日益深入。米老鼠这颗从好莱坞影坛升起的新星,也由最初的"无人顾问,变成了而今大受欢迎"的形象。米老鼠和"米老鼠的爸爸"成为这一时期两颗当之无愧的时代新星,直到今天仍是如此。迪士尼乐园的建立与拓展是一座城市都市娱乐文化丰富的象征,这一物理空间的开创与发展,使迪士尼的历史有了建筑实物的见证。

民国时期的报纸期刊扮演了"迪士尼乐园"的角色,翻开这一时期的报纸,"米老鼠""白雪公主"的字样与图片不时地呈现在你的眼前,

图 2-1 米老鼠图片报道
《良友》，1932 年第 32 期

他们是广告的代言人，是市民家中常见的儿童读物主角，是枕巾上的刺绣物。当时的名导沈习苓被比作"荧幕上的米老鼠"；南斯拉夫狄托元帅捧腹大笑的样子，被戏称与米老鼠大笑的表情无异；二战时期，欧洲战场上出现了米老鼠面具；1943年刊登在《申报》的一则招领迷路儿童的公告，对儿童穿戴的描述是"戴紫红色白雪公主帽"。上及世界战争，下到日常穿戴，米老鼠的形象风行全球，它是人们的娱乐对象，也是人们平日生活的调剂。迪士尼的卡通人物并不是我们必须到电影院才能看到的影像，而是百姓的日常生活中的大众明星。

## 迪士尼卡通形象常占媒体版面

1932年在《良友》上出现一张组图（图2-1），标题是"米鼠：美国最红的明星"，米老鼠的形象和创作者华特·迪士尼，开始被沪上媒体报道，大众开始能够从动画片之外，详细地了解米老鼠这一形象的创作过程，并逐步地了解和走近卡通大师华特·迪士尼。在这一张组图中，右上角是米老鼠正在阅读《良友》杂志的一张图片，配字为"米鼠，亦为良友报之爱读者"，甚至连跟在米老鼠身边的宠物狗布鲁托也在盯着画报上的封面女郎，这位"美国最红明星"在中国落脚之后，开始"入乡随俗"阅读当时的画报新闻。而继这幅图片之后，是华特·迪士尼工作室制作动画故事过程的图片，分别是"华德之助手，制作米鼠时，以人作种种姿势以为绘作之时模特儿，并绘作之情形""米鼠片中配入音乐时之工作情形"，画报上图文交叉，为读者展示了动画制作当中的一些有趣画面。米老鼠进入中国之后，各类报纸杂志对迪氏"成功秘笈"大为关注并争相刊载，同时，迪士尼的配音、制作过程以及其工场的巡礼等一系列卡通知识，也开始在民国上海广为传播。关于这一传播的具体表现，此处不作叙述，后面将有专章介绍。最后是米老鼠从堆积如高山般的信件的顶尖处探出头来的画面，这是"米鼠所接到外界影迷所寄来之崇拜赞美的信件"，或许被"Numerous letters"所震惊，米老鼠脸上一副错愕的滑稽像。组图中附有华特·迪士尼的生活照和工作照两张，这位"以鼠成名的画家"华特·迪士尼一时成为沪上报纸杂志报道的常客。

在同一期《良友》的文字版中，由"良友三巨头"之一的陈炳洪主笔的《以鼠成名画家》一文介绍了华特·迪士尼创造米老鼠的由来。文中谈到"从前电影界最受人欢迎的明星有卓别林、华克福、范朋克、史璜

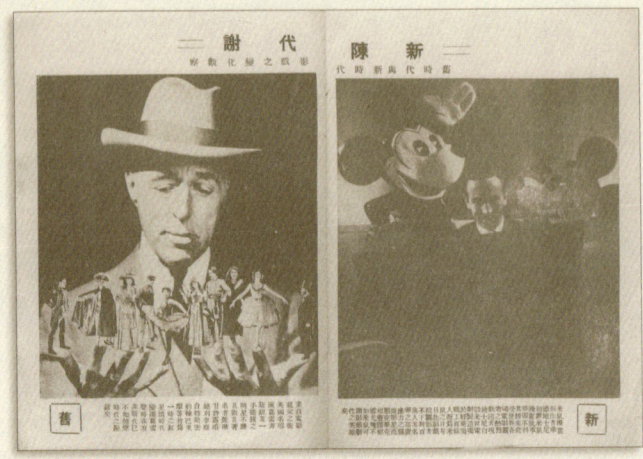

图 2-2 新旧导演与明星的对比
《小世界·图画半月刊》，1933年第 35 期

图 2-3 民国时期的杂志封面
《回力球周刊》，1936 年第 3 卷第 21 期
《电声》，1939 年快乐周刊

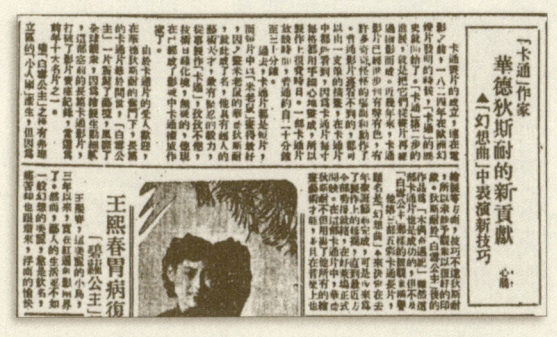

图2-4 评论"卡通作家"迪士尼的文章
《申报》，1941-05-16，12版

生和其他的明星。现在他们都要让这个头衔给独一无二的米鼠了"，而且在原则上来说"华特·迪士尼就是米老鼠自己"。之后，《小世界》画报上有这样两张图片的对比，前一张是无声片时代有着电影之父头衔的英国名导葛雷菲斯及其旗下的明星人物，后一张是华特·迪士尼及其画笔下的墨水米老鼠，前者为旧，后者为新，标题为"新陈代谢"。可以看出米老鼠诞生之后，借着有声片的新技术成为了最受欢迎的明星，而无声片的明星随着时代的变迁已星光黯淡。透过这一新一旧的替换，我们可以看出米老鼠的问世对影视界的影响，而作为米老鼠之父的华特·迪士尼也开始进入了事业的最高峰，迪氏成功学的报道与传播，成为期刊上不过期的新闻。(图2-2)

而随着迪士尼卡通形象的深入人心，民国时期的杂志经常直接将米老鼠、白雪公主等卡通形象用做封面。例如《电声》《回力球周刊》《电影与播音》等杂志封面。(图2-3)

## "明星效应"引导市场，迪氏成功学遭沪媒热捧

1930年代中期，上海媒体上开始报道迪士尼先生获得的成就。《申报》《字林西报》《大陆报》等媒体都曾刊发过对迪士尼表示赞扬的文章。在《狄斯耐荣膺去年卡通首奖》一文中，将迪士尼先生称为"著名的卡通画家""伟大的制作家"，并且引用著名制片家经理柯达克氏的话，称"他是电影界罕有的伟大的功臣"。从该文中，迪士尼先生获得的成就显然受到了世界人民的公认。《卡通"作家华德狄斯耐的新贡献》一文中(图2-4)，认为卡通片中的短片以"米老鼠"画得最好。文章评论道，迪士尼具有非凡的艺术天才，兼有坚忍的毅力，从事制作卡通，孜孜不倦，

技术日臻化境，无疑的，他现在已经成了影城中卡通权威画家了。当迪士尼第三部长片《幻想曲》诞生后，也是备受关注。"在这部卡通片中，华德狄斯耐不但用尽了他所有的绘画艺术才能，并且在音乐上也有极大的成就。本片一切的画面上的动作与色彩，完全是和音乐配合的……这种新的尝试，在过去，我们是从未见过的。"另外，在新的影片《The Reluctant Dragon》中，迪士尼让真人与卡通形象同台演出，文章认为"他贡献了一种新的技巧"。

对于迪士尼的肯定引起了公众对于其成功之路的好奇，于是媒体便大做文章。三四十年代的沪上期刊杂志上，刊载的关于华特·迪士尼成功秘诀的文章有数十篇之多。随着米老鼠系列动画在沪上电影院热映，他新片的每一次成功，报纸杂志上就会有华特·迪士尼"成功学"的讨论，他的人物生平、待人接物、职业素养以及个人爱好、迪士尼夫妇等都成为媒体分析报道的对象。例如，1934年《时代电影》上的一篇对于华特·迪士尼的采访报道，这是《三只小猪》一片获得成功后对华特·迪士尼的一次访问记录。米老鼠的诞生让华特·迪士尼从一个普通的青年画师成长为一代卡通大师，但华特·迪士尼不习惯别人的称颂与讴歌，在轻松自在的环境中，他更愿坦言自己的想法，与访问者随意聊天。他对幽默的观念有着艺术家的理解，他把米老鼠成为世界性人物的原因归结为米老鼠身上优良的品质。此时，华特·迪士尼正筹备自己第一部动画长片《白雪公主》，他的完美主义理念，不容许粗制滥造，当时他应该没有想到原计划的25万美元预算最后变成了150多万美元，拍摄时间也延长到了3年以后，但是3年之后《白雪公主》受到全球的追捧，也是华特·迪士尼及其工作团队未曾预料到的结果。

《申报》上曾刊登过一篇文章《艺界卡通鼻祖——华德狄斯耐由小小

画师而成世界大艺术家成功要素不外刻苦力学与深思》，专门介绍迪士尼先生的成功经历，描述了迪士尼先生从一个动画师成长为一个大艺术的过程，突出了他的刻苦和创新精神，让大家对迪士尼先生印象深刻。

《白雪公主》长片谐书问世以后，这位伟大的卡通鼻祖——华德狄斯耐的声誉更为震动了。也许还是十多年以前的事迹吧，当时华德狄期耐颇不得志，只是一个平凡的美国青年画师，在一家美术店担任夜班的职务。偶而无意的发现了奇特的征象：每当万籁俱寂的夜深，除了画师的笔不停绘写着的声音以外，惟有鼠辈在办公室出没，画师对那班老鼠并不讨厌，且感觉与趣起来，他和那班鼠做朋友，把共中十只养在一个笼里，每天喂着和他们游戏，且教了一个使他站立在他的绘版上，做标本。

八年以后，华德狄斯耐的墨水瓶里产生的米老鼠卡通画便一鸣惊人地问世了，这是米老鼠的由来，同样是谐画的渊源，他定名为米老鼠就和电影革命的有声电影，同时诞生。在米老鼠进展的过程中，谐画亦随之转变，初次出版一种连集短片叫做《阿丽丝漫游奇境记》的墨水画影片。

当华德狄斯耐十一年以前在一家报馆担任该谐画师的时候，他会和他的兄弟雷仪在一九二三年至洛杉矶开办活动墨水画公司，他们俩人的合资不过五日元，但他们有很好刻苦的精神与精巧的技能，初次出版的运集短片即为阿丽丝谐画。

虽然，这种连集短片始初出版，就很受欢迎，但他仍秉其果毅的态度，坚强的意志，刻苦的精神，聪慧的脑袋，去改良与发展，狄斯耐以为把一个生动演员介绍上去或可加增兴趣。于是他用了复晒的方法把一个女孩活现于那墨水画片上,这样做了两年,成绩颇为完满,后来又从事制作一种奥斯姆墨水画短片。

狄斯耐年纪尚轻,他是充满着青年热血的,他的一副热力,完全在米老鼠身上表现出来,所以米老鼠是一个永生不倦的活泼的动物,在工作时间,若你不是和狄斯耐相熟的,那你就很难在他的同事中认他出来,他虽然是做了老板,但他不把他的权威来影响他的同事。

据最近的报告:华德狄斯耐史从事三张五彩长片卡通《Bameri》的画片设计,尽量收集小型的登场动物。其内容如何,请读者等着瞧吧。(《申报》1940-04-26,14 版)

1938年《白雪公主》在上海放映,"观过《白雪公主》大大小小的影迷,总数就有二十一万人之多。"[1] 一时间沪上媒体对观影盛况进行热议,华特·迪士尼的"成功之路"成为报道重点。在《电声》《电影》等版面上出现这样的描述:他"对待员工极为宽厚""他是最受爱戴的老板"。《电影》和《影迷画报》上关于华特·迪士尼成功秘诀的报道将华特·迪士尼的成功秘诀总结为四个方面:"百余助手、体谅他人、不耻下问和能力本领"。在《好莱坞大师华德迪斯耐的事情》中,华特·迪士尼是一个"埋头工作、爱恤员工、出品不重量之多寡"的指挥者。这位卡通大王不再像十余年前穷困不得志,"他的名字从南锡蓝岛的茶场北至北极的渔村,被人歌颂着,爱戴着",虽然这里的说法显得有些夸张,但是华特·迪士尼的成功确实成为沪上媒体关注的焦点。《电声》就在1936年刊载了一

---

[1] 白雪公主在中国,观众四十余万突破记录. 电声,1939,8(29):1204.

第二章　迪士尼在民国上海的娱乐文化呈现

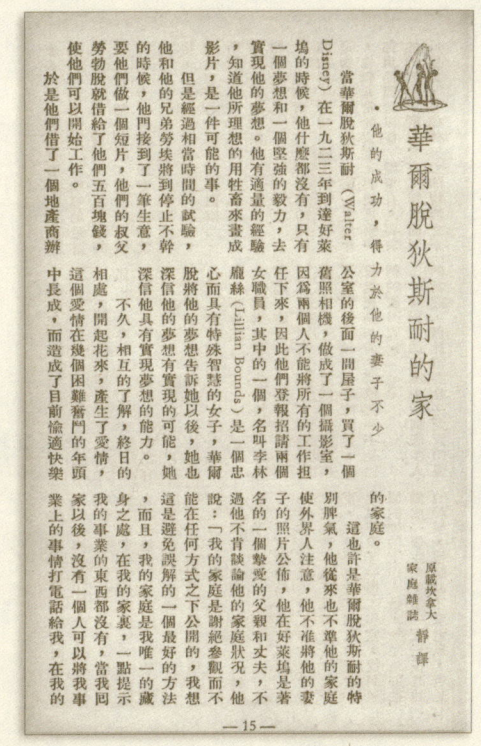

左图 2-5　有关华特·迪士尼的报道
《电声》，1936 年第 5 卷第 36 期

右图 2-6　介绍迪士尼家庭的文章
《家庭》，1940 年第 5 卷第 1 期

篇《米老鼠的创造人华尔德迭斯耐和他底收入》，声称"一年以内，至少一百四十万镑"（当然，这主要来源于"米老鼠"品牌商标税的缴纳，卡通片并没有给华特·迪士尼带来多少真正的利润）。在不断的走近这位艺术大师的过程中，他的家庭、他的妻子李林·邦兹都成为沪上媒体宣传"迪氏成功学"的对象。（图 2-5）

华特·迪士尼不愿谈论他的家庭状况，也不准许将他妻子的照片公诸于众，1940 年《家庭》杂志（图 2-6）上有这么一段文字，他说"我每天工作的很吃力，所以我的妻子李林就定下一个办法，就是在我回家以后，不再预问事业上的事情，我也很当心的奉行着这个办法，所以我一天有两种截然不同的生活，事业和家庭，彼此从不相遇"。他的妻子李林是华特·迪士尼事业起步时的帮手，而后来这位事业上的帮手成为了他生活和家庭的管理者，对于华特·迪士尼事业，李林都给予支持和鼓励，在生活中李林成为他的精神动力，创作与摄制的疲倦，会因为妻子的关怀和肯定而重新振作，可以说华特·迪士尼的成功，有一半来自于他的妻子。除

了迪士尼夫妇,报刊上对于华特·迪士尼的个人生活习惯和爱好也有介绍,他爱从事烹调,他从来没有夜生活,因为他觉得熬夜对于需要创造力和想象力的艺术家来说是一件很可怕的事情,另外,迪士尼母亲煤气中毒一事也见诸报端,"米老鼠同声一哭"的标题成为影迷对于华特·迪士尼悲痛心情的解读。

三四十年代的沪上期刊,围绕华特·迪士尼成功的报道(图2-7),内容丰富,条目繁多,"迪氏成功学"在民国上海受热捧,除了影片本身宣传的需要之外,与当时上海特殊的时代环境以及美国影片在中国的境遇有着密切的关系。民国上海与现代上海同样是全国"工商业中心和消费城市,正是在这样的基础上,形成了上海和电影互为依赖的亲和力",同时,上海是一个以移民为主体的城市,而"为上海繁华生活或是商业社会发财机会而来的移民,既无清晰民族意识及排外心理,自然乐于接受西方物质文明。"[1] 华特·迪士尼的卡通片作为好莱坞电影的一支,在进入中国之后,受到极大的欢迎,当然这种欢迎是全球性的。卡通片简单滑稽的娱乐性,相较于附有"邪恶""色情"和"辱华"色彩的美国其他影片,更易为大众接受。同时,大都市生活环境的享乐与压抑,使得讽刺滑稽的卡通娱乐形式更受时人的欢迎,而作为卡通鼻祖的华特·迪士尼当时对市场的引导力也就可想而知。

图2-7 聚焦迪士尼成功的报道
《电影》,1940年第76期

---

[1] 叶小青. 上海洋场文人的格调. 汪晖. 上海:城市、社会与文化. 香港:中文大学出版社,1998:127.

第二章　迪士尼在民国上海的娱乐文化呈现

左图 2-8　白雪公主雪晶广告
《申报》，1939-1-20

右图 2-9　白雪公主电影广告
《申报》，1938-12-1

## 广告的宠儿——米老鼠与白雪公主

　　一个时期流行的元素，从这个时期公众媒体的广告上能够略见一斑，甚至更多。在华特·迪士尼动画席卷下的上海，报刊媒体上的广告许多都是米老鼠、白雪公主、匹诺曹、小蟋蟀等卡通形象。例如《申报》刊载的印染厂被单上的广告，打出的是"白雪公主被单"的广告词，类似的还有很多，如"白雪公主果盘""白雪公主香烟""白雪公主香料""白雪公主绒线""白雪公主水彩画册"等等（图2-8）。商品化的"白雪公主"更容易被人们接受，这是一种明星效应。与此同时，白雪公主的形象也愈加成为人们日常生活的一部分，人们对白雪公主的喜爱，在影片之外逐渐加深。但也得说明这源于对影片中白雪公主形象喜爱的强化，在《白雪公主与七个小矮人》这个影片中，白雪公主是美丽的化身，是真善美的物化角色，当在平时生活中看到这一卡通形象时，大众已有了自己的主观投射和加工，所以，白雪公主不再是白雪公主本身，邪恶的后母也不再是后母本身，她们已经成为了偶像化了的形象。白雪公主的人物形象已经成为一种代名词，商业化了的"白雪公主"形象虽然被贴上了商业性的标签，也并没有冲淡大众对其形象的喜爱。而恰恰是商品本身被人们主观所赋予的形象和价值意义，提高了人们对原本商品的价值定位，这也是 1938 年《白雪公主与七个小矮人》在沪影院放映（图2-9），票房达到 700 多万的空前记录之后，"白雪公主"立即成为大上海各种商品代言人的原因所在。

图 2-10 《米老鼠大会》电影广告
《申报》，1934-9-30

另外，当我们从另一层面思考时，又会发现上海民众对"物"的疯狂崇拜，面对上海不断变换的物理空间以及社会环境，人们对于光电的视觉冲击更加的迷恋，抽象卡通的光电世界，创造了一种可以自由想象的空间，观影者希望可以在影片中找到一种自我认同。当上海成为一座"孤岛"时，其表面的繁华与奢靡并没有弱化的趋势。在沪上本地画家的作品《米老鼠游上海》中，卡通主角也对电影院的座无虚席发出感叹，当米妮埋怨"这兵荒马乱的时期，电影院还依旧是那么挤"，米老鼠回应："他们是过着高等的难民生活"[1]。这是米老鼠系列漫画给世人的警示，但堕落奢靡的表象下，其实并没有那一番悠然自在，更多的是时局变迁导致的焦虑、苦闷、彷徨与恐慌，而米老鼠系列动画形象的到来则恰巧为这些愁苦与烦闷带来了娱乐调剂与心理寄托。

30年代初期，"米老鼠大会"成为上海各大影院纪念庆祝的形式，辣斐大戏院、光陆大戏院、大上海戏院以及浙江大戏院在《申报》广告版上刊出的影视消息，大多为"米老鼠大会""米老鼠大会串"的字样，并附上一张米老鼠的漫画像，广告词"为儿童求娱乐，为家庭求幸福""全部音乐歌舞滑稽画片集锦"等（图2-10）。米老鼠卡通形象似乎成为广告主的金字招牌，部分影剧院在刊登迪士尼电影广告的时候，往往加上"米老鼠"形象，以期在广告版面中显得更加醒目。比如，辣斐大戏院1934年10月21日发布米老鼠大会串的影讯，即采用了夸张、生动而醒目的米老鼠形象。再如，南京大戏院1934年在《申报》上为《神秘百老汇》

**小贴士** 上海的孤岛时期，通常认为是从1937年11月上海沦陷至1941年12月珍珠港事变日军侵入上海租界为止。这时期的租界，四面都是日军侵占的沦陷区，仅租界内是日军势力未到而英法等国控制的地方，故称"孤岛"。

---

[1] 范琅. 漫画多幅. 世风, 1939 (2): 18.

刊登了大幅广告，同时，加映了迪士尼电影，并且直接以米老鼠形象作为海报内容。让观众对于加映影片的主题一目了然。上海各大影院相继打出"华德迪斯奈最成功之作，米老鼠"的广告语。广告语的同一化与重复性刊载，使得"米老鼠大会"在海上市民的观影意识中形成一种辐射效应，也就是说，米老鼠系列卡通片的放映已不同于其他的影视播放，一连串复制类的广告将影片的生活性加强，变为市民意识中的一种常态化的事物，也就像《好莱坞》和《电星》在此一时期报道的英王夫妇，尤其是老太后"无米老鼠不欢"的观影欲望，可以看出迪士尼动画在全世界影迷中的影响力，上海市民也不例外，沪上各影院打出的"米老鼠大会"的广告正满足了沪上市民的观影意趣，也可见米老鼠的受众群体早已不像一般的动画片那样去伺候一群"小主人"，而在全世界不同年龄段的观影人心中刻下一种"魔力"幻想。

## 卡通主角竞相亮相一争高下

迪士尼卡通片不断更新换像，报纸杂志上卡通片的主角有一种"你方演罢我登场"的架势，而作为迪士尼卡通人物中资格最老、最经典的米老鼠，其地位经常遭受"受宠新人"的挑战。1939年《野牛佛丁南》一片上映，《好莱坞》上刊载《米老鼠吃醋》一文，"《野牛佛丁南》开映，大受观众欢迎，连米老鼠也因此而黯然无光，无怪米老鼠要不乐了"，可见，面对野牛佛丁南受到大众喜爱的情形，米老鼠有一种似乎要"失宠"的失落感。迪士尼动画主角的新老之争成为期刊上的一大看点，1940年《好莱坞影讯》的一则短报"唐老鸭压倒米老鼠"，报道称"本年春季所完成的十八部短片，由唐老鸭主演的占十二部，世界各地的影迷每天写信给

图 2-11 《木偶奇遇记专题报道》
《大美周报》，1940 年第 48 期

唐老鸭，有几天他接到的信会比米老鼠多，长此以往，许会把米老鼠压倒呢。"诸如此类的对比，是华特·迪士尼影片吸引读者目光的有效方式。

惹眼的标题，配上片中卡通人物的漫画或照片，是期刊报道迪士尼新作的主要形式，新片与老片的对比成为媒体宣传和评价新片的切入点。1940 年《木偶奇遇记》在上海放映前后，《大美周报》第 48 期对《木偶奇遇记》一片作了专题性的报道，该期封面即为匹诺曹、小蟋蟀和大眼黑猫的漫画图案，配字"华德迪斯耐复摄五彩新型长片，木偶奇遇记"。《木偶奇遇记》在沪上的首次献映被记为"1940 年影坛大事"，作为华特·迪士尼的第二部五彩长片，该片与《白雪公主》相比，有一种后来居上的优势，其后，《白雪公主的劲敌：木偶奇遇记》(图 2-11) 一文颇有意思，从标题看，有些后者压过前者的意味。

两部影片皆改编自儿童文学，都是长片巨制，被沪上媒体拿来比较无可厚非，作为华特·迪士尼的前后力作，新近上映的《木偶奇遇记》被提上了较高的位置。和《白雪公主》一片不同，《木偶奇遇记》是在影迷的呼声下拍摄的，《白雪公主》创造的票房神话让影迷们对迪士尼的新作充满期待。同时前者的成就也为迪士尼新作做了提名宣传，可以看出，报刊上关于《木偶奇遇记》一片的报道几乎都在与《白雪公主》作对比，从影片的色彩到剧中人物，从影片的故事情节到卡通故事富有的教育意义，姑且不论其评价偏向，但这种"提名"式的宣传手法，就已经为迪

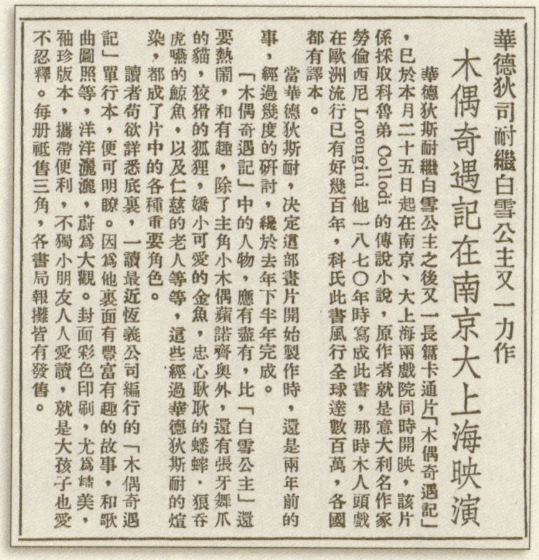

> 華德狄司耐繼白雪公主又一力作
> 木偶奇遇記在南京大上海映演
>
> 華德狄斯耐繼白雪公主之後又一長篇卡通片「木偶奇遇記」，已於本月二十五日起在南京、大上海兩戲院同時開映，該片係採取科魯弟 Collodi 勞倫西尼 Lorenzini 他一八七〇年時寫成此書，原作者名是意大利名作家，那時木人頭戲都有譯本。
> 經華德狄斯耐的研討，於去年下半年開始製作時，還是兩年前的事，幾經道部畫片完成。
> 讀者荷欲詳悉底裏，便可明瞭。因為他還面有豐富有趣的故事和歌曲，封面彩色印刷，尤為精美，獨小朋友人人愛讀，就是大孩子也愛不忍釋。
> 「木偶奇遇記」中，除了主角木偶鼻諸齊奧外，還有很多可愛的小木偶，小可愛的金魚，忠心耿耿的蟋蟀，狠吞虎嚥的鯨魚，狡猾的狐狸，要熱鬧的貓，都成了片中的各種重要角色。
> 一讀最近恆義公司編行的「木偶奇遇記」單行本，便可明瞭。因為他裏面有豐富有趣的故事和歌曲，封面彩色印刷，尤為精美，獨小朋友人人愛讀，就是大孩子也愛不忍釋。
> 每冊祇售三角，袖珍版本，攜帶便利，各書局都有發售。

图 2-12 《木偶奇遇记》
上映报道
《艺海周刊》，1940 年第 29 期

士尼新片做足了"噱头"。

为让影迷们先睹为快，《木偶奇遇记》上映的前中后期，报刊的资讯算得上铺天盖地，应有尽有。《艺海周刊》在刊出《迪斯奈新作：木偶奇遇记》，连载木偶奇遇记故事之后，接着报道《华德迪斯奈继白雪公主之后又一力作：木偶奇遇记在南京大上海映演》(图2-12)；《青春电影》报道标题"华德迪斯奈继白雪公主的新作：木偶奇遇记"；《影迷画报》也及时的为沪上影迷们送上这条影视资讯，《推荐五彩卡通长片：木偶奇遇记》。这样的宣传力度，虽然比不上如今影视大片花式宣传的手段，但是其在沪上电影院的势头和在市民中的影响力颇为强势。《白雪公主》一片在《银花集》特色版中被评为"观众最欢迎的影片"，但在《木偶奇遇记》上映之后还能否保住擂主地位？成为当时观影者娱乐之后乐于思考的一个话题，但不论这一桂冠戴在谁的头上，这一殊荣是非米老鼠之父华特·迪士尼莫属的。

## 迪士尼电影花絮不时见诸报端

迪士尼出品了很多电影，有时候报纸上会详细介绍迪士尼的最新影片内容。虽然迪士尼有些故事的原型为世界著名童话中的人物形象，但是，《申报》《文汇报》等还是会根据迪士尼电影的内容来介绍他们，报道提

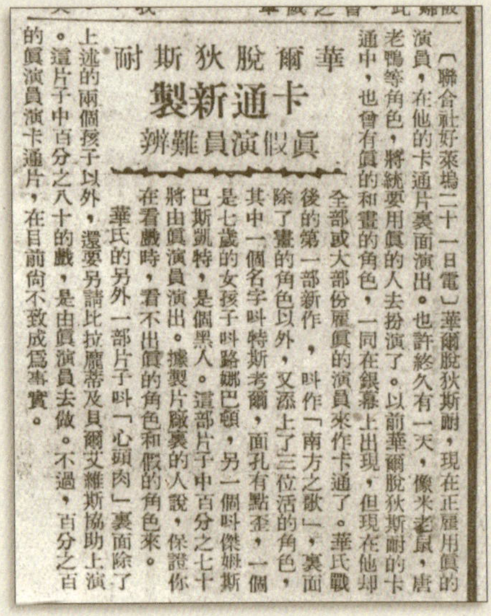
華爾脫狄斯耐

卡通新製

真假演員難辨

〔聯合社好萊塢二十一日電〕華爾脫狄斯耐，現在正雇用真的演員，在他的卡通片裏面演出。也許終久有一天，像米老鼠，唐老鴨等角色，將統要用真的人去扮演了。以前華爾脫狄斯耐的卡通中，也曾有真的和畫的角色，一同在銀幕上出現，但現在他却全部或大部份雇真的演員來作卡通了。華氏戰後的第一部新作，叫作「南方之歌」，裏面除了畫的角色以外，又添上了三位活的角色，其中一個名字叫特斯考爾，面孔有點歪，一個是七歲的女孩子叫路娜巴頓，另一個叫傑姆斯巴斯凱特，是個黑人。這部片子中百分之七十將由真演員演出。據製片廠裏的人說，保證你在看戲時，看不出真的角色和假的角色來。

華氏的另外一部片子叫「心頭肉」裏面除了上述的兩個孩子以外，還要另請比拉廳蒂及貝爾艾維斯協助上演。這片子中百分之八十的戲，是由真演員去做。不過，百分之百的真演員演卡通片，在目前尚不致成爲事實。

图 2-13 《南方之歌》介绍
《申报》，1946-6-23，3 版

到作品新出现的角色、参演的演员、适合观看的观众年龄等，为电影不久之后在上海公映进行预热。

1946 年 6 月 23 日，《申报》刊登了有关文章（图 2-13），专门介绍迪士尼战后的第一部新片——《南方之歌》。文章介绍，《南方之歌》新增了 3 个真人角色，并且该片 70% 由真人演出。文章进一步指出，“据制片厂里的人说，保证你在看戏时，看不出真的角色和假的角色来”。同时，文章还指出，迪士尼的另一部新片《心头肉》，将有 80% 的真人参加演出。

即使迪士尼的动画作品未在上海正式放映，当时上海的主要媒体《申报》《新民晚报》等仍旧会刊发很多有关这些作品的信息，其中尤其以迪士尼的《幻想曲》为代表。

此外迪士尼新片的幕后故事也不时出现在读者眼中，如 1941 年《申报》上就曾刊登了一篇名为《〈骑士降龙记〉花絮录》的文章——

这里要告诉你一点未之前闻的《骑士降龙记》摄制的花花絮絮：

《骑士降龙记》可以说是第一部融溶血肉表演和富有生气的卡通片的特色，在一个故事里底长篇活动电影。

在本片中，华德狄斯耐亲自“漏脸”表演，这还是破天荒第一次。

图 2-14 《骑士降龙记》介绍
《申报》，1941-08-31，12 版

给制米老鼠，唐老鸭，博罗狗，鹅妈妈，萧丁牛，美人鱼，……都有共通的相似点。他们都是《骑士降笼记》中参加演出的"剧中人"。

唐老鸭在走进技术室时，常常扮作马，换句话说：那承乏唐老鸭发音的克劳伦斯乃许，他起初原本是来学马嘶的呢。

华德狄斯耐作画时，只用三个指头和一个大姆指，据说这样可以节省不少的时间，真可谓熟能生巧。

在片中，可以听到最美妙的声音的效果，在那余音袅袅之际，忽又穿云裂帛，响遏行云，殊令人意想不到也。

为了节制空气流通起见，所以华德狄期耐的技术人员的大厦中，一千多扇窗户，都关得紧腾腾地，没有一扇是开启的。（图2-14）

## 二、图书出版与迪士尼娱乐

在影片之外，迪士尼卡通的主人公们也开始在图书著作中带领读者们走进另一个世界。早在1936年上海中华书局就在沪上出版发行了《米老鼠漂流记》一书，到新中国成立前期，沪上出版发行的迪士尼图书著

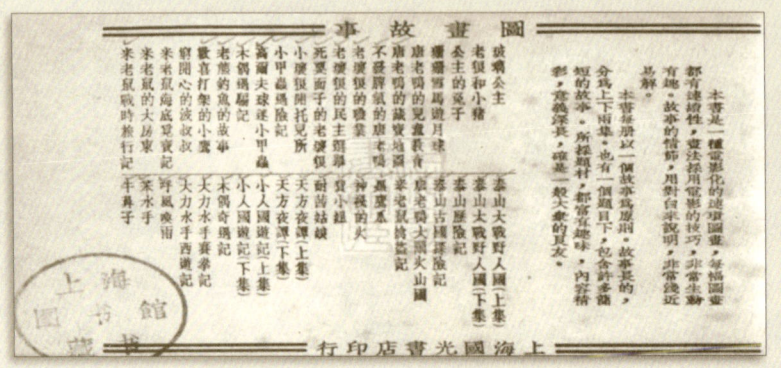

图2-15 《唐老鸭的藏宝地图》一书所附广告

作至少有12种之多，包括卡通绘本译著和自创的连环画。

从上海国光书店1949年版《唐老鸭的藏宝地图》一书所附的广告内容来看（图2-15），根据电影内容描绘的连环画是当时的一种图书类型。据广告介绍："这是一种电影化的连环图画，每幅图画都有连续性，画法采用电影的技巧，非常生动有趣。故事的情节，用对白来说明，非常浅近易解。本书每册以一个故事为原则。故事长的，分为上下两集。也有一个题目下，包含许多简短的故事。所采题材，都富有趣味，内容精彩，意义深长，确是一般大众的良友"。这套书中就有米老鼠和唐老鸭相关图书各3种以及《木偶奇遇记》，可惜大都已找不到了。

相关图书著作的主角们都是迪士尼笔下最成功、最经典的卡通人物，米老鼠作为卡通始祖，其绘本和图书也是最多的，目前能找到的有《米老鼠漂流记》(1936)、《米老鼠珍珠探案》(1939)、《米老鼠大闹马戏班》(1939)、《米老鼠开报馆》(1947)等等；唐老鸭的图书著作有两种，分别是《唐老鸭大闹火焰山》(1947)、《唐老鸭的藏宝地图》(1949)。上海著名儿童作家任溶溶新中国成立前翻译出版了三种关于华特·迪士尼的卡通著作，分别是《华德迪斯奈作品集》(共6册：《小鹿斑比》《小熊邦果》《小飞象》《小兔顿拍》《快乐谷》《彼得和狼》；1948)、《柳树间的风》(1949)以及《木偶奇遇记》(1949)，皆由朝华出版社印行出版。《木偶奇遇记》和《白雪公主》作为世界闻名的儿童文学著作，早在被摄制为影片之前

《木偶奇遇记》在沪版本：
开明书店总店，1930年
上海文化励进社，1936年
启明书局，1937年
开明书店，1943年
经纬书局，1944年
开明书店，1949年两版

左图2-16 《木偶奇遇记》在沪版本

右图2-17 《米老鼠漂流记》封面

就已在沪上书店出版发行。就拿《木偶奇遇记》来说，开明书店于1930年就已将此书翻译出版，之后不断再版，到1949年此书共有七个版本在上海图书市场流通（图2-16）。

迪士尼电影的播映为书店、报摊出售迪士尼图书做了最好的宣传。下文是《木偶奇遇记》在沪上映之后，《艺海周刊》打出的广告：

> 恒义公司编行的《木偶奇遇记》单行本，里面有丰富有趣的故事，和歌曲图照，洋洋洒洒，蔚为大观。封面彩色刷，尤为精美，袖珍版本，携带便利，不独小朋友人人爱读，就是大孩子也不忍释。每册仅售三角，各书局报摊皆有发售。

诸如此类的广告宣传在这一时期的《申报》《新民晚报》《文汇报》上都能看到，这面面俱到的广告词读起来已是一种娱乐，极能引起大众的购买欲望，这一时期书店、报摊上米老鼠、唐老鸭图书被抢售一空的场面已为常态。

1936年上海中华书局出版发行《米老鼠漂流记》（图2-17），一开始是在《小朋友》期刊上进行连载的长篇童话故事，颇受小读者们欢迎，后来为了方便阅读和扩大消费市场，装订成册进行出版。相较于笛福笔下的鲁滨逊，这只鼠界"鲁滨逊"又有着怎样的冒险之旅？这是书迷们迫

图 2-18 《唐老鸭大闹火焰山》和《唐老鸭的藏宝地图》封面

不及待想要得到的答案。彩印的封面上,米老鼠独自撑着木船开始远洋航行,他告别了鼠村,希望能像鲁滨逊一样成就一番冒险事业,在漫无边际的海洋里他发现了"新大陆",在海岛上找到了自己的伙伴星期五。这只鼠界的"鲁滨逊",学着自己的偶像在蛮荒的海岛上进行了一系列的生产建设劳作,但是岛上的土著人却与他们结了仇,一场大战在所难免。在进行了一场壮烈的战斗之后,米老鼠与星期五最终脱险。米老鼠继续他的冒险航程,他们的大船在海中愈驶愈远,米老鼠唱着欢快的航海歌,消失在金光万道的夕阳中。这是一种来自封面的童话故事想象,作为儿童读物,色彩斑斓的封面适合儿童的审美与乐趣。

1934 年唐老鸭作为米老鼠的配角在《聪明的小母鸡》一片中登上银幕,这只爱发脾气、性情急躁的鸭子受到大众的喜爱。之后,唐老鸭在迪士尼的短片中频繁出现,成为与米老鼠同样经典的卡通人物形象。以唐老鸭为主角衍生出的沪上"本土化"图书,《唐老鸭大闹火焰山》和《唐老鸭的藏宝地图》(图2-18),在 1947 年和 1949 年分别由上海图画世界出版社和国光出版社出版发行。这两本书封面图样五彩绚丽,大小形式都带着一种趣味性,适应儿童的心理,也符合家长们为孩子选择图书的要求,活泼有趣的漫画与文字,愉悦心情的同时,也达到了教育的效果,虽然不能够估摸这类儿童读物的教育性有多大,但迪士尼卡通读物在当时成为上海市民家中最为常见的课外阅读书已是不争的事实。

图2-19 《米老鼠开报馆》封面

1947年9月《米老鼠开报馆》(图2-19)一书一经上市,《新民晚报》上就打出了广告,并刊载了一则对该书评价的文稿。作者在文中强调"在中国的儿童读物中,神怪剑侠的连环画漫画占有极大的势力,适合儿童心理、活泼有趣的读物相当缺少……现在生活书店给小读者们出了一本《米老鼠开报馆》,其意义不是无聊的。"可见,《米老鼠开报馆》一书的出版是为填补儿童趣味阅读"天窗"的。但有意思的是,该书的主题却并没不是那么的活泼有趣,反而承载了现实政治意义,而且封面设计也一改以往彩色夺目的风格,赤红粉白两色相间,在第一观感上显得有些严肃深刻。因而作者在文章结尾处也说,该书大人气太重,不像一本连环漫画的"小人书"。卡通漫画书向来具有幽默、讽刺的特点,署名狄斯尼著、凌山译的《米老鼠开报馆》一书揭示美国社会中的政治黑幕,用艺术家的手笔来反映社会的风气,呼唤言论自由,其中文版在上海发行后又受到沪上市民的欢迎,或是因为书中漫画仍旧适应中国社会的缘故。

不单有漫画图书,在这一时期文学大家林语堂的著作中也能看到迪士尼动画人物。在出版的《爱与讽刺》《讽颂集》两本书中都收录了《米老鼠》一文,用"米老鼠"写文章,给人一种新奇感,值得玩味,但这在当时文人眼中却是一个无聊且浅薄的字眼,就像泰晤士报的社论或许会出现幽默的言论,但在《申报》社论是绝对不会出现这种"幼稚和浅见"一样。幽默可以用来娱乐大众,但并不受当时"无产阶级文学家"欢迎,反受贬斥,滑稽幽默的卡通动画成为一种幼稚和浅薄的艺术。面对这样的社会认知,林语堂的"米老鼠"向大众发声,幽默娱乐与无产阶级文学、与救国并不冲突,相反,若丧失了这种欣赏幽默的能力,没有了人之本性,社会将变得不近人情,那才是会"没有希望得了"。米老鼠卡通在林语堂看来代表了一种人性的解放,这两本文学专著的出版,或将把迪士尼笔下这只米老鼠的象征意义与社会地位"拔高",但其本意只是一种"正名"罢了。

除了以迪士尼产品内容相关的图书出版,民国时期的有些出版物也包括了迪士尼元素,这就是被称为"书衣"的包书纸。当时一些书店店员会征求顾客意见,是否需要包上书衣,而有些包书纸则运用了读者喜闻乐见的迪士尼卡通形象。如1947年出版的郭沫若著三种图书(大孚出版公司初版著《沸羹集》《天地玄黄》和海燕书店初版《郭沫若自传少年时代》)都采用了米老鼠的包书纸,如今已成为旧书收藏市场上的珍品。

## 三、电影娱乐中的迪士尼

1936年的傍晚,一个人走在上海街头,耳边也许会传来从广播电台播放的迪士尼动画歌曲,可能是《米老鼠》的前奏曲,也可能是《三小猪》的主题曲《谁怕大灰狼》等等。1930年代初米老鼠来到上海,虽说米老鼠动画短片在当时只是作为新片放映之后的加映内容,但米老鼠滑稽、风趣、机灵鬼怪的形象,让观众不能忘怀。渐渐的,米老鼠成为了一个家喻户晓的卡通人物。之后米老鼠周边的动画人物逐一增加,布鲁托、高飞狗以及唐老鸭的出现,为米老鼠动画家族增添了新的乐趣,成为《米老鼠大会串》的成员，他们都是娱乐的象征，迪士尼动画深为沪上民众所喜爱，因而此时的广播电台也将迪士尼动画中的音乐歌曲献给广大市民，愉悦大众，释放心情。

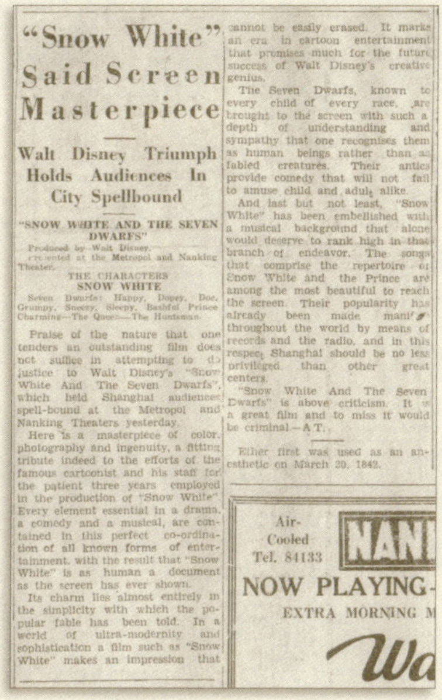

"Snow White" Said Screen Masterpiece

Walt Disney Triumph Holds Audiences In City Spellbound

"SNOW WHITE AND THE SEVEN DWARFS"
Produced by Walt Disney.
Presented at the Metropol and Nanking Theater.

THE CHARACTERS
SNOW WHITE
Seven Dwarfs: Happy, Dopey, Doc, Grumpy, Sneezy, Sleepy, Bashful Prince Charming—The Queen—The Huntsman.

Praise of the nature that one tenders an outstanding film does not suffice in attempting to do justice to Walt Disney's "Snow White And The Seven Dwarfs", which held Shanghai audiences spell-bound at the Metropol and Nanking Theaters yesterday.

Here is a masterpiece of color, photography and ingenuity, a fitting tribute indeed to the efforts of the famous cartoonist and his staff for the patient three years employed in the production of "Snow White". Every element essential in a drama, a comedy and a musical, are contained in this perfect co-ordination of all known forms of entertainment, with the result that "Snow White" is as human a document as the screen has ever shown.

Its charm lies almost entirely in the simplicity with which the popular fable has been told. In a world of ultra-modernity and sophistication a film such as "Snow White" makes an impression that cannot be easily erased. It marks an era in cartoon entertainment that promises much for the future success of Walt Disney's creative genius.

The Seven Dwarfs, known to every child of every race, are brought to the screen with such a depth of understanding and sympathy that one recognises them as human beings rather than as fabled creatures. Their antics provide comedy that will not fail to amuse child and adult alike.

And last but not least, "Snow White" has been embellished with a musical background that alone would deserve to rank high in that branch of endeavor. The songs that comprise the repertoire of Snow White and the Prince are among the most beautiful to reach the screen. Their popularity has already been made manifest throughout the world by means of records and the radio, and in this respect Shanghai should be no less privileged than other great centers.

"Snow White And The Seven Dwarfs" is above criticism. It is a great film and to miss it would be criminal.—A.T.

Ether first was used as an anesthetic on March 30, 1842.

Air-Cooled
Tel. 84133
NAN
NOW PLAYING
EXTRA MORNING
Wa

图 2-20《白雪公主》影评
《大陆报》，1938-06-03，5 版

## 迪士尼动画片登陆上海各类影剧院

三四十年代，由于人们对迪士尼电影作品的喜爱，迪士尼作品有时候以单独放映的形式出现，也有一些动画作品作为放映新片之后的加映内容，有时候电影院也会将动画短片集结在一起进行放映。迪士尼电影登陆沪上各大影院，给市民带来了无限的欢笑，娱乐大众是迪士尼影片的诉求，但电影商业性本质需要靠宣传为其造势。在各大影戏院的宣传栏或者街道的公共路牌上，可以看到电影公司或影戏院为电影宣传造势张贴的海报和电影说明书。如今，在电影说明书收藏市场上可以见到，丽都大戏院 1937 年版《白雪公主》，大上海大戏院 1940 年版《木偶奇遇记》，都是中英双语 32 开 4 页的。另外还有海光剧院 32 开 2 页的《漫游仙境》中文说明书。海报和电影说明书作为电影的名片，为观众提供影片的重点信息，醒目的片名、放映的时间、剧中主演人物形象、制片厂名称以及影片故事简介等等，成为招徕观众的重要宣传形式之一。

1937 年 12 月 21 日，世界上第一部长篇动画影片《白雪公主和七个小矮人》在美国好莱坞卡塞剧院首映。影片结束时，全场欢声雷动，观众纷纷起立鼓掌致意，舆论界一片赞誉之声。电影首周便售出 2000 万张票，最终票房收获 800 多万美元。(图 2-20)

电影首映半年后，即1938年6月2日，这部影片在当时的"孤岛"上海上映，登陆大上海大戏院和南京大戏院，第二天《大陆报》上就刊载了赞美《白雪公主》的文章，表示公众对此片看得入迷。

《白雪公主》开创了世界动画史上的新纪元，也开创了卡通大师华特·迪士尼的动画电影之旅，卡通动画不再是影片放映后的加映短片，主要用来愉悦影院里的孩子们，而是作为一种独立影片在沪上各大影院上映。迪士尼影片在上海的叫座能力让当时的国产影片商们唏嘘不已。《白雪公主》一片在沪上取得巨大成功之后，中国的影片商看了眼热，将中国版《白雪公主》的拍摄提上日程，一开拍就在《中国电影》上刊出消息，并公布了白雪公主一角的饰演者为陈娟娟。中国真人版影片《白雪公主》上映前夕，影戏院门口张贴出大幅海报，白雪公主和7个小矮人的形象公布在大众眼前，并打出"中国第一部童话故事影片"的字样。迪士尼电影尤其是《白雪公主》一片的巨大成功，不仅催生了中国第一部童话故事影片——此前，中国动画之父万籁鸣四兄弟便从中大受启发，决定推出中国第一部动画长片《铁扇公主》，更是直接催生了中国动画的萌芽与发展。

迪士尼动画从《疯狂的飞机》到《蒸汽船威利号》，再到《花与树》，从《三只小猪》到《白雪公主》，从《木偶奇遇记》《幻想曲》到《幻游南海》再到《南方之歌》完成了由无声片到有声片、由黑白片到彩色片、由短片到长片的一系列艺术与技术上的突破与发展。对此，沪上报刊不吝溢美之词。《申报》上一篇《漫谈三原色五彩色》的文章，谈到"三原色五彩影片的发明，是声片盛行以后，电影史上的一大革命"，华特·迪士尼，是将这一技术应用于动画拍摄的第一人。1932年迪士尼第一部彩色动画片《花与树》上映，迪士尼动画告别了银幕上黑白两色的单调画面，

图 2-21 迪士尼卡图片的报纸广告
《申报》,1946-01-11,4 版
《申报》,1948-07-16,8 版

迎来了影视五彩片摄制时代。

继《白雪公主》一片享誉全球之后,1940 年迪士尼耗费两年心血制作的《木偶奇遇记》上映。作为华特·迪士尼的第二部长片动画,这部影片在上映之前就被沪上媒体大肆报道,剧中人物匹诺曹、"良心"小蟋蟀等从书中的呆板插图,走进活动的映画,多彩的画面、热闹的场景、活动的人物,让观众在娱乐之余感受其教育意义,这部寓教于乐的影片随即成为经典。同年,《幻想曲》首映,该片被华特·迪士尼描述为可以"看音乐听电影"。这一新奇的电影制作手法,体现了卡通大师华特·迪士尼超凡的艺术情怀。音乐与动画在这部影片中达到了完美的结合,影片中 8 支气势恢宏的古典乐曲让现场观众惊叹不已。1941 年,迪士尼的第四部经典影片《小飞象》问世,次年《小鹿斑比》上映,战后《幻游南海》以及真人动画作品《南方之歌》等一系列影片在沪上登陆并大受欢迎,迪士尼影片在开创与发展的同时,也为三四十年代上海的娱乐与商业文化增添了一抹色彩,创造了一份共同记忆。

迪士尼电影给三四十年代的上海留下了太多的记忆,上海的各类媒体为我们将这份记忆收藏,作为传播媒介的报纸、期刊、图书以及电影,都在以不同的方式与宣传手法,将迪士尼的文化在沪上进行传播。

## 迪士尼动画电影广告的连续投放

影院为了吸引观众入场,往往会为自己播放的电影作品刊登广告,其中不乏迪士尼的电影作品(图2-21)。比如,《申报》在 1935 年 5 月 12 日刊登了放映迪士尼作品的广告,并且会告知观众票价,甚至还会以米老鼠照片作为赠品吸引观众。具体内容如下:

图 2-22 光陆大戏院《米老鼠大会》报纸广告
《申报》，1934-09-29，26 版

电影

巴黎米老老鼠大会志盛 霞飞路巴黎大戏院、为庆祝儿童年并优待观众之子女起见、特于昨日起、选映一九三五年新作米老鼠滑稽画片大会、共有十大卷、精采异常、儿童每票仅售一角、并随票附赠米老鼠照片一帧、是以昨日往观者极众、开映时全场儿童欢声如雷、今日上午十时半复加映一场、俾星期休假之儿童学生、亦得一据眼果。

有的影院甚至连续多天刊登放映迪士尼动画片的信息。比如，1934 年光陆大戏院曾连续 4 天在《申报》上刊登了放映迪士尼动画短片合集的信息，着重突出了《蚱蜢与蚂蚁》这部影片。在广告宣传中，特别用了米老鼠形象，告知大家电影的定位是儿童和家庭影片（图 2-22）。

继《白雪公主与七个小矮人》之后，迪士尼于 1940 年 2 月 7 日推出了第二部长篇动画作品《木偶奇遇记》。就在新片正式上映前两周，《申报》（1940-01-26）上已经刊登了该新片即将公映的消息。《木偶奇遇记》在美国上映之后，仅仅 2 个月之后就被引进，在南京大戏院、大上海大戏院两个戏院进行了放映。后来诸如平安和杜美也都放映过《木偶奇遇记》。在放映之前，这两大戏院都特意为该片在报纸上刊登广告进行宣传，并且可爱的匹诺曹形象也欣然出现在广告版面上。另外，诸如《幻游南海》《漫游仙境》等影片都曾单独在影院内放映过。《幻游南海》在做广告宣传的时候，特意搬上了故事中 3 个可爱的卡通形象。（图 2-23）

图 2-23 《幻游南海》电影广告及所配图片介绍
《申报》，1946-11-17，12 版

## 迪士尼电影作为加映内容吸引观众

迪士尼动画作品,经常成为其他影片之后的加映内容。比如,无论是于 1934 年 6 月 16 日在南京大戏院上映好莱坞影片《大富之家》,还是于 1934 年 9 月 28 日在上海大戏院播映的国产新片《青春时代》,都将迪士尼的动画作品作为加映内容,这在当时或许也是作为吸引观众入场观看的手段之一。两者分别加映了迪士尼的《蚂蚁与蚱蜢》和《米老鼠野餐会》。

值得一提的是,有观众在写这部电影的观后感中,还特意提及了迪士尼的这部动画作品。"虽然全剧含蓄的意识,是那样严重,在演出上,是那样的生动而富于趣味。乔治亚立斯,竟是无可非议的一位天才老辈,而导演之高明的手腕,也令人惊服。末一幕中,彩色的调和,可称为电影艺术的无上收获。更加以狄斯耐的《蚱蜢与蚂蚁》五彩短片,更令人感慨系之深思猛省。此片诚为本年难得之妙品,故非但应该获得最高的评价,亦占有吾人思想上绝大地位。"[1]

影迷在点评正片的时候,还会加上对加映影片的点评,这种行为绝非偶然。比如,《教王弄政》的最后部分加映了迪士尼公司的第一部彩色米奇动画《音乐会》,有观众看完影片后认为,"《教王弄政》一片不仅富有历史值价,且集第八艺术之大成,为年来历史宗教宫闱片之最伟大奇丽者,是联美无上权威作品。同时加映米老鼠第一部彩色短片《音乐会》,与美艺彩色音乐画片《点金》,都是值得注意的作品"[2]。

---

[1]《大富之家》观后感. 申报,1934-06-18(23)
[2]《教王弄政》公映. 申报,1935-06-15(25)

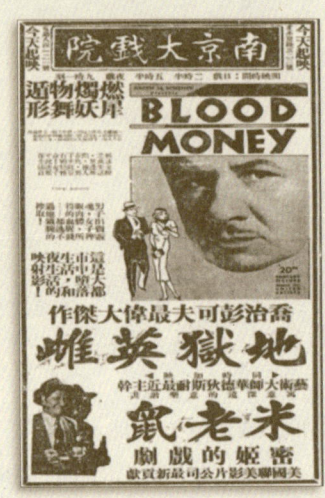

图 2-24 南京大戏院的电影广告
《申报》,1939-08-28
《申报》,1934-03-07

## 南京大戏院成为迪士尼影片的主要放映地

早在上世纪三四十年代,上海的电影院里,南京大戏院、大上海大戏院、丽都大戏院、大光明大戏院、国泰大戏院、光陆大戏院、平安大戏院、戚利大戏院、浙江大戏院、恩派亚戏院、辣斐大戏院、明星大戏院、巴黎大戏院等都放映过迪士尼的动画作品。其中,南京大戏院和大上海大戏院放映过较多的迪士尼动画片。南京大戏院不仅放映过著名的《白雪公主》,而且还放映过《木偶奇遇记》《三只小猪》《笛声斑斓》《米老鼠》《可恶的财狼》等影片;大上海大戏院则放映过《白雪公主》《木偶奇遇记》《米老鼠》《化外人》《胖王趣史》等影片。大上海大戏院在加映迪士尼《胖王趣史》这部影片时的广告语说"只此短片值阁下所付代价"。(图2-24)

第三章

迪士尼与民国上海的童话想象

# 一、白雪公主

1937年12月21日,迪士尼的第一部动画长片《白雪公主与七个小矮人》(Snow White and the Seven Dwarfs)在好莱坞卡塞剧院公映,获得了巨大的成功。半年之后电影来到上海,这部着力描绘和歌颂"善"与"美"的电影,为当时沉沦"孤岛"的人们,带来了巨大的心灵慰藉。

《白雪公主与七个小矮人》的故事情节并不复杂。国王新娶的王后苛待美丽善良的白雪公主,使得公主过着像仆人一般的生活。心肠歹毒的王后一心要做世上最美的女人,但她的一面魔镜却告诉她白雪公主才是这个世上最美的女人。王后于是派出杀手追杀白雪公主。谁料,杀手良心发现,以猪心复命,而白雪公主则在逃亡的途中迷路于森林之中,继而意外来到了7个小矮人的住所。善良美丽的白雪公主和7个小矮人结成了朋友,而恶毒的王后则变身成丑陋的老巫婆,企图诱骗白雪公主服下淬有剧毒的苹果。善良的公主并未看穿巫婆的诡计,吃下毒苹果后长睡不醒,而原本外出的7个小矮人发现公主遇难后,则与巫婆展开了搏斗,最终巫婆摔下悬崖,自食其果。而失去了公主的小矮人们用水晶棺保留了公主的身体。最后,王子赶来,用一个深情的吻吸出了卡在公主喉间的毒苹果,唤醒了公主。从此,公主和王子幸福地生活在了一起。

故事很简单,却不乏亮点。除了白雪公主和恶毒王后的善恶分明,7个小矮人的鲜明个性也让人印象深刻。迪士尼为这7个小矮人取了充分反映个性的名字:万事通(Doc)、爱生气(Grumpy)、开心果(Happy)、瞌睡虫(Sleepy)、害羞鬼(Bashful)、喷嚏精(Sneezy)和糊涂蛋(Dopey),并且在形象设计上也作出了区分。七个小矮人和白雪公主的连贯戏份,占到整个片长的三分之一。白雪公主和小矮人之间的互动充满了温馨，从打扫房子、做饭到要求他们洗手后才吃饭，这一切都仿佛是慈爱的母亲和顽皮的孩子之间日常生活的样子，与王后对公主的狠心形成了鲜明的对比。

电影中画面的变化也通过剧情的转变而实时变化。在白雪公主出现的场景，总是阳光明媚、欢歌笑语。当邪恶的王后出现时，画面立即转变为阴森恐怖的氛围，比如阴森的房间、恐怖的古堡等等。更用一些黑色的物体来增加这种气氛，如骷髅头、黑乌鸦、秃鹫等等。这样的表现方法是对剧情的一种补充，而且增添了电影的故事氛围，使观众、尤其是小观众更加容易理解剧情。这些细节使本片更加完美。此外，这样的表现方式比起在同时代真人电影中的运用更加灵活，看来它已经走在了时代的前列。

电影的配乐和插曲也是电影能否成功的重要助力，尤其对于一部动画片来说，如果能有和剧情相得益彰的音乐表现形式，则会加分不少。《白雪公主与七个小矮人》中的唱段有着很重的歌剧范儿，尤其是女主人公的几段独白，在今天听来也许有些陈旧，不合时宜，但考虑到整个故事的时间背景，也并不能算十分突兀。

## 二、木偶奇遇记

1940年2月7日，迪士尼推出第二部长篇动画《木偶奇遇记》，同年4月25日，该片在南京大戏院和大上海大戏院就上映，相隔仅仅两个多月。不得不感叹当时的上海租界对摩登娱乐的追求,与之前的《白雪公主与七个小矮人》相比,《木偶奇遇记》取得了更大的回响。

与《白雪公主与七个小矮人》用"母爱"讲述真善美的可贵不同,《木偶奇遇记》把故事的重点放在一个男孩寻找真我的成长经历上。这部动画改编自意大利作家卡尔罗·考罗蒂的同名小说,讲述了一个小木偶匹诺曹(Pinocchio)在仙女的帮助下获得生命,继而经历各种曲折,最后成长为"真正"的男孩的故事。在故事的开头,孤独的手艺人老爷爷盖比特(Geppetto)制作了一个精美的木偶并起名匹诺曹。老爷爷向流星许愿希望这个木偶能变成真正的男孩。仙女满足了他的愿望,但她也告诉匹诺曹,想要成为"真正"的男孩,他必须坚持勇敢、诚实和无私,同时,他必须有分辨是非的能力。为了防止匹诺曹迷失自我,仙女封印了小蟋蟀吉米尼(Jiminy)为匹诺曹的良心,帮助他克服困难。匹诺曹在第二天上学的途中,遇到了狡猾的猫和狐狸,在他们花言巧语的哄骗下,匹诺曹经不住当演员的巨大名利诱惑,被骗到了马戏团。他大受欢迎,但是贪婪的马戏团老板为了让匹诺曹一直替他赚钱,把他关进了笼子里。在仙女和小蟋蟀的帮助下,匹诺曹逃了出来,然而又因贪图享乐而被骗到了快乐岛。快乐岛是一个看似天堂,实际是把人变成驴子出卖的地狱。小匹诺曹在沉迷声色的最后关头,在小蟋蟀的帮助下清醒了过来,逃出来后却发现老爷爷已经离开家去寻找他,并不幸被鲨鱼吞入腹中。于是匹诺曹开始了营救老爷爷的行动,在营救过程中明白了勇敢、诚实和无私的真谛,最终救出了老爷爷,也通过了仙女的考验,成了"真正"的男孩。

这部《木偶奇遇记》比前作有更复杂的故事结构和更深刻的思想内涵。老爷爷和马戏团老板慈爱与贪婪的对比,匹诺曹和小蟋蟀之间分分

图3-1《木偶奇遇记》广告
《好莱坞》，1940年75期第8页

合合，更彰显了人类面对纷繁的世界，总会有短暂的良心迷失。但若心存善念，心中有爱，终将拨得云开见月明，完成自我的成长。

亲情是这部电影的另一主题。没有任何亲人的老手艺人，整日与自己的作品为伴，把所有的父爱都寄托在一个木偶身上，在一部以欢乐为基调的动画片中，不能不令人心酸。当仙女满足了他的愿望之后，他对匹诺曹爱护有加，在匹诺曹一夜未归之后，他不顾风雨地出去寻找，还被鲨鱼吞进了腹中。而匹诺曹最后也在寻找这位父亲的过程中，学会了勇敢，无私，学会了爱。最终，父子俩幸福地生活在了一起。

从现存的各大民国时期的期刊来看，《木偶奇遇记》在当时获得了比《白雪公主》更多的关注。《亚洲影讯》于1940年第17和18期刊登了《木偶》，《艺海周刊》连续两期详细介绍了《木偶奇遇记》的故事梗概，《家庭》杂志更是在当年第四期，从第93页到第110页，花了整整17页的篇幅，把一部电影写成了近万字的故事话本，也许是为了让那些没有机会去电影院的观众也能感受到这部动画片的魅力。而其他一些杂志则另辟蹊径，从电影制作的角度报道了迪士尼在制作《木偶奇遇记》上面所花费的心血。比如当年4月28日出版的《大美周报》（1940年第48期第29页），一共有4篇关于这部电影的报道用图文并茂的方式讲述了迪士尼制作该片的巨大成本。同时，该期的封面，也是一张《木偶奇遇记》的彩色海报，这在当时，并不多见。《电影》1940第77期中也有相似内容。专门报道与好莱坞电影相关的《好莱坞》中，除了对《木偶奇遇记》的介绍之外，还贴心地在第75期刊登了由明星照片公司联合电影院方推出的场景照片广告，照片一共10张，还有学生价等优惠。这种类似今天

电影衍生商品的营销模式,居然在七十多年前就出现在了上海,不得不感叹沪商的经商头脑和上海的"摩登"程度。(图3-1)

## 三、幻想曲

《幻想曲》是1940年底迪士尼推出的又一部长篇电影。不过与其他电影不同的是,它是以8首古典音乐的名曲组成,再根据导演对乐曲的理解,配上相应的画面而成。这不仅是在当时,即便回顾整个迪士尼动画的制作历程,这部电影也是具有历史性的突破,无怪乎,在这部电影60周年的时候,迪士尼又推出了新版的《幻想曲》。可见它的成功之处。

《幻想曲》中的8首乐曲,分别是约翰·巴赫的《D小调托卡塔与赋格曲》(Toccata and Fugue in D Minor)、柴可夫斯基的《胡桃夹子组曲》(The Nutcracker Suite)、保罗·杜卡斯的魔《法师的学徒》(The Sorcerer's Apprentice)、斯特拉文斯基的《春之祭》(The Rite of Spring)、贝多芬的《田园交响曲》(Pastoral Symphony)、阿米尔卡尔·庞切的《时间之舞》(Dance of the Hours)、穆索尔斯基的《荒山之夜》(Night on Bald Mountain) 和舒伯特的《圣母颂》(Ave Maria)。曲子之间还有乐队指挥对于曲子的介绍,连整个乐队都出现在了动画中。1940年,指挥家斯托科夫斯基和制片人迪士尼由于他们在《幻想曲》音乐创意与制作方面丰富的想象力以及录音技术方面的突破性成绩,分别荣获了奥斯卡特别荣誉奖;1998年,《幻想曲》被美国电影协会选为20世纪美国百部经典名片之一。

> **小贴士**
>
> 托卡塔:大多速度较快、节奏紧促,并对乐器演奏技术有所发挥。16—18世纪流行于意大利,通常由几个对比性的乐段构成。18世纪在德国有进一步发展,自由奔放的特点更为突出。有时也用于赋格之前,相互形成对比,正如这首巴赫的管风琴曲《d小调托卡塔与赋格》。19世纪后大多以快速节奏贯穿全曲。
>
> 赋格:赋格是盛行于巴洛克时期的一种复调音乐体裁,又称"遁走曲",意为追逐、遁走。赋格的结构与写法比较规范。乐曲开始时,以单声部形式贯穿全曲的主要音乐素材称为"主题",与主题形成对位关系的称为"对题"。之后该主题及对题可以在不同声部中轮流出现,主题与主题之间也常有过渡性的乐句作音乐的对比。

《d小调托卡塔赋格曲》,由利奥波德·斯托考夫斯基指挥费城交响乐团演出。一个个音乐家的剪影叠印淡入一个抽象的、彩色缤纷的海洋,到处闪烁着宝石似的光芒。随乐声响的加强,一团团蒸汽腾腾的云雾旋转着冉冉升起,变成一根根圆柱,进入布满明亮的图案和抽象图像的银幕。《胡桃夹子组曲》中,晨曦轻轻拂过牧场。在《糖果仙子之舞》乐曲中,小仙女们在每朵花、每枝花茎上撒上滴滴露珠。一簇簇蘑菇穿着长袍,表演中国舞。姹紫嫣红的花蕾打扮成芭蕾舞女演员的模样,跳起"笛子舞",金鱼则跳起优美动人的"阿拉伯舞"。异常活泼的植物装扮成哥萨克的样子,和打扮得像可爱农村姑娘似的兰花一起跳着粗犷的"俄罗斯舞"。在"花之舞"中,秋天的仙女们用她们的魔杖把万物染上红色或金黄色;霜冻仙女们来了,万物变成宝石般晶莹剔透的冰。《春之祭》中,太阳散发出团团白热的气流飘过太空,凝结成一团火球。在地球形成之际,海水滚沸,火山喷发出熔岩,雾气灼人,泥滩直冒烟。原始生物起先在海洋里,然后在陆地上形成。恐龙成了地球的统治族类,但在一场大旱之后便绝种了。随后发生了日蚀和地震,使地面拱起成为山脉,海洋淹没了大地。一切都稳定下来了。贝多芬的《田园交响乐》描绘了在奥林匹斯山坡上,有众多活泼淘气、半人半兽的神祇。小独角兽与长翅膀的小人黑马[1]和谐友好地共同生活;爱神丘比特让半人半兽的神兽相爱,互相追逐。巴克斯和他的毛驴来了,歌声喧腾觥筹交错。最后,宙斯神在狂风暴雨之际投掷闪电似的弩箭之后,一切又归复平静。《时间之舞》,描绘了在一个大厅里,鸵鸟、大象、河马和鳄鱼在一起粗鲁笨重地跳舞,把城堡的铁门都震裂了。穆索尔斯基的《荒山之夜》和舒伯特的《圣母颂》,

---

1 因为有种族歧视嫌疑,这个形象从1969年开始发行的版本都被删去,一直到发行70周年纪念版也没能恢复过来。

在鬼怪聚会之夜，审判罪恶，主管生死的长官切那勃在荒山开庭控告有罪的精灵、巫士、吸血鬼和骷髅，判决他们都下火坑。黎明来临，围绕山峦的浓雾消散。当教堂鸣起钟声之时，一群虔诚信奉上帝的膜拜者走过一片草地，进入一座巨大的森林。那里有一团火光。生命和希望战胜了死亡和绝望。

　　这8首乐曲在叙事上有很大区别。《魔法师的学徒》向我们讲述了一个完整、封闭的故事，故事有明显的开端、发展、高潮、结局，有明显的"情节点"和戏剧冲突。这是早期迪士尼动画片中经常使用的音画在节奏上完全同步的方式，又被称作"米老鼠"式。而《春之祭》《时间之舞》都是芭蕾舞音乐，《荒山之夜》是一幅"交响音画"。对于芭蕾舞，一方面节奏鲜明、节奏感强是它们的体裁特性，它让音乐获得有节奏的"作"从而又获得画面感与造型感；另一方面，相应的画面含有一定的叙事性元素。《春之祭》是按照单链的线性时间展开的，《时间之舞》是通过场景的置换展开，只是这种故事结构仍然较为松散，没有成形的情节与戏剧性结构，不够"封闭"。《田园交响曲》具有清晰的情绪，通过主标题和分乐章文学标题的引入，有意地勾勒出一种田园景致。虽然从乐章前后的衔接来看，该作品是具有一定的情节的，但并没有落实到枝节的细处。这种"叙事"的动力主要源于主干结构（曲式）布局上的对比及其逻辑上的展开。《胡桃夹子》的画面明显地带有芭蕾舞场面的那种光鲜、炫丽，以及带有唯美主义和形式主义的格调。正如芭蕾舞剧在舞台表演上把情节淡化到极致那样，该作表现的主要是情绪、画面的唯美，而不是故事与情节。《圣母颂》已近乎是一种纯音乐的形式，只是其动画仍然是具体可感的，但仅仅留给人一个朦胧的意象，叙事性的成分已经被淡化到最低水平。《D小调托卡塔与赋格曲》的画面是由各种抽象的线条以及具有象征意味的影像等组合而成。与前述作品的音乐相比，它不仅没有文学性的标题和提示，而且相信大部分听众都能感到其几乎没有任何实质的内容。作曲家依照文学性的"脚本"写出来的作品，总是满足一定意义上的故事性。但这里面掺杂了很多再度创作的成分，有大小之别。如《魔法师的学徒》只是将主人公的形象改成了米老鼠的形象。《荒山之夜》的故事源自俄罗斯民间神话，该片的动画编导在设计情境时，基本上没有超出这则故事大致圈定的范围，至少观众在动画中也同样领略到了"对黑暗之神的赞颂和阴间的祭奠，狂欢作乐"，只是动画却远比故事更加具体生动。斯特拉文斯基《春之祭》带有印象主义色彩，又被视为原始主义风格的代表，从体裁上来看，是一部芭蕾舞音乐，而它的动画却完全地换了一幅景象，这之中再度创作的成分就更多了。但是，不可否认的是画面所传达的主题和意境仍然充分照顾到了原作的音乐风格与思想。

由于这部电影上映不久就爆发了太平洋战争，日军也占领了上海的公共租界，孤岛的畸形繁荣不复存在，这也许影响了《幻想曲》在上海的公映。去电影院的人减少了，但是通过当时各种报刊的文字描写，还是能感受到影片的魅力。1941年《申报》刊登《华脱狄斯耐新作〈幻想曲〉在纽约献映，史托高斯基为本片制谱为最伟大的音乐卡通片》为题的评论性文章。全文对迪士尼这部新作予以了充分肯定，不乏褒奖之词，评价其为"伟大的音乐化的卡通片"。之后的评论绝大多数都对这部电影赞赏有加："《幻想曲》无疑是一部艺术结晶的巨片，其灿烂美丽令人叹为观止。特别是色彩的变幻，充分表现了艺术与工艺技巧的极致，这是人间也是宇宙中好得不能再好的光怪陆离"。至于音乐与画面的融合，虽然不一定尽善尽美，但至少已是空前的一种试验，正如大上海戏院说明书中所说："《幻想曲》是华德狄斯耐别创一格的作品，在声带与画面里带来

一切超时间超空间的幻象,其给与人的印象是惊眩的,迷丽的,恍惚的"。而就音乐而言:

> 《幻想曲》经过了两年之久,华德狄斯耐的第三部长篇杰作《幻想曲》终于拍摄完成而在美国公映了。为了《幻想曲》,狄斯耐会费去不少心血,加以设计。据他自己所表示者,这一部画片,和过往的不同。公映的时期,比较长久,也许将来他本人死去之后,《幻想曲》还在世界上面公映。主要的原因就在《幻想曲》是配有音乐的,而音乐这一种艺术,是具有,永久性的。的确,在电影史上,影迷的欣赏《幻想曲》者,还可算第一次看到全部配以古典音乐的影片呢!这部画片之中,配以世界著名八大音乐指导所合作的伟大的音乐,弦乐,管弦乐,无所不有。[1]

然而,对音乐的理解毕竟是非常私人的体验,用画面去诠释音乐更是众口难调,并不是每个人都能够认同迪士尼对这些乐曲的理解。劳神在发表于1946年12月31日《文汇报》的一篇《"幻想曲"与华德狄斯耐的歧途》就对迪士尼表达了批评:

> 《幻想曲》是华德狄斯耐高度个人主义的作品,试观他在乐台上居高临下,以一种自满而骄傲的语调,对观众解说音乐的内容时,态度昂然,偶或发出碌格的笑声,我们一些也看不出他的热心,他对观众的热心。他是确实在为着帮助观众了解艺术的玄

---

[1] 狄斯耐第三部卡通《幻想曲》的新作风. 申报, 1941-8-23 (12).

奥而现身说法吗？决不是的。他无宁是借用音乐与颜色来炫示他"超时间超空间"的艺术天才，他是利用音乐，并不是为观众解说音乐，也许他的本意确是为了"使没有音乐素养的人，一样能欣赏这人生不可缺少的享受"，在事实上结果他并没有做到。

不难看出，劳神对于电影最大的不认同正是来自于对原作的解读方式。作者认为迪士尼不懂音乐，使人看了对好莱坞的所谓音乐片发生深深的怀疑。"愈是懂得音乐的人，愈是疑惑不解：音乐片都不免有歪曲，不是对音乐家性格的歪曲，就是对乐曲原来精神的歪曲。"在《幻想曲》中许多乐曲的原意并不是如此的，那些没有听过音乐却先观看了动画片的观众，他们对于音乐会有一个固有的印象，这种先入为主的想法，会使得日后再听到这些曲子时，不自觉地沿着迪士尼所设定的思路。"然而这不是艺术，这是华特狄斯耐的歧途。"

不过，这篇评论的最后，作者还是肯定了卡通艺术的未来：

> 华德狄斯耐是在歧途之中，卡通艺术应有其康庄大道，这大道须待他来开辟完成。我们以为电影艺术补足了戏剧的缺陷，卡通艺术则是更补充了电影艺术的不足，一般说起来是效果的增强，它变不能夸张的与不能强调的成为可能。我们相信卡通有其无限量的前途，然而这决不是华德狄斯耐目前所趋向的歧途。卡通有独立发展而为"第九艺术"的可能，至少作为教育电影，予人的印象非工具，例如"祭春乐"初段所表现的开天辟地景象非常深刻，是任何书本或图画所不能比拟的。由此可见卡通的表现力的伟大，同时也可见华德狄斯耐创作力的真正伟大。

## 四、米老鼠的童话世界

  毋庸置疑,米老鼠系列对迪士尼意义非凡,是迪士尼塑造的最深入人心的卡通形象之一,也是迪士尼本人最爱的动画形象。

  1928年,这只小老鼠第一次出现在好莱坞日落大道电影院的荧幕上。《疯狂的飞机》以美国飞行员查尔斯·林德伯格首次驾驶单翼飞机飞越大西洋的故事为蓝本,迪士尼以飞越大西洋的行为比喻自己不受束缚的创造力,在这个初出茅庐的小老鼠身上,寄托了他自己成为伟大幻想家,成就幻想王国的梦想。虽然影片没有取得预期的反响,但是在随后的《蒸汽船威利号》中,迪士尼把声音引入了电影,让米老鼠成为船上的一个水手,航行在一望无际的大海上。同时迪士尼还亲自给米老鼠配音,这部短片与当时流行的渲染色情、暴力等作品不同,一只会讲话的无害的小老鼠,向心上人表白的方式只是唱一首歌,这种清新可爱的形象,立刻得到了当时观众的喜爱。

  早在《幻想曲》之前,迪士尼就开始了将动画与古典乐融合的尝试。1935年上映的《米老鼠与音乐会》就是一个很好的例子。晴朗舒适的日子里,恬淡的小乡村飘来阵阵悦耳的音乐声。在村中的空地中央,米老鼠指挥他的乐队进行一场交响乐演出。乐队表演精湛,技艺娴熟;台下观众如痴如醉,热情狂热。他们演奏的,正是世界名曲《威廉退尔交响曲》。谁知演奏刚刚开始,意外状况便悄然出现了。卖雪糕的唐老鸭在观众中间走来走去,为音乐所感染,他抽出随身带的笛子自顾自吹奏起来,结果竟将整个乐队都带跑了。米老鼠非常气愤,与之进行了连番令人精神几近崩溃却又十分滑稽的角力。这部短片民国25年(1936)

于苏州大戏院上映。米老鼠系列为何如此受欢迎？这恐怕与其外形和性格塑造都有关系。在性格塑造上，赋予米老鼠更多的人类特质。米老鼠的形象塑造用到了动画中最常用的拟人手法，这种手法把人物的个性、特点赋予在没有思想感情的对象上，比如动物、客观物体等，使它们具有人的特点，使其人格化了。米老鼠的运动以弧线运动为主，动作幅度比较大，而且灵活富有弹性，不管是说话还是活动方式都是依据人的特点来进行设计的。

在《幻想曲》中，唯一有故事情节的《魔法师的学徒》一段的主角也是这只可爱的小老鼠。米老鼠扮演的是一个刚学了点儿三脚猫功夫的小小魔法师，他仍然是一副智商不高却天真烂漫的可爱面孔，仍然对一切充满好奇，喜爱冒险。米老鼠的师傅是一位法术高明的魔法大师，他有一把神奇的扫帚，在师傅的魔咒下，扫帚会变成人形，帮忙做许多家务。米老鼠趁师傅不在，偷了师傅的魔法帽，学着师傅的样子施起魔咒，命令扫把替他去把水缸灌满水。扫帚照做了，而且越干越起劲。米老鼠则舒服地靠在师傅的大椅子里指挥着扫帚人不停地打水，渐渐进入了梦乡。在睡梦中，米老鼠继续施展着魔咒，他梦见自己已经修炼成了一个伟大的魔法师，正对着星辰云朵不断发号施令。当他醒来后才发现，扫帚人仍然永无休止地往早已灌满的水缸里倒着水，整个屋子已经成了水的世界。水越积越多，米老鼠不知道解咒的咒语，只能抓起斧头往扫把身上一阵猛砍。没多久，所有的小碎屑都渐渐苏醒过来，扫帚居然分身了，变成了一个个小扫帚人，全都更奋力地打起水来。水越积越多，米老鼠知道自己闯了大祸，慌乱极了。后来还是师傅出现，化解了咒语，才让米老鼠化险为夷。

在米老鼠最初被设计出来时，它的个性方面还略显单薄，它虽然风趣幽默，但只是一只喜欢恶作剧、在粮仓搞怪的小老鼠，虽然外形可爱，很受欢迎，但他并不成熟，没有鲜明的个性。在米老鼠走红之后，迪士尼公司不断发展扩大，也逐渐认识到米老鼠要想走得更远，还需要完善它的个性，让它的立体形象更加成熟具体。为了让米老鼠的角色更饱满，迪士尼公司为它注入了更多新的性格特点，比如聪明机智、勇敢善良，并让他经历了许多探险故事。米老鼠一会儿是无畏的勇士，一会儿又是可爱的顽童，在别的作品中他又是喜欢帮助别人的小侦探。经过一系列的塑造后，更加完善成熟的米老鼠形象展现在了观众面前。它常常喜欢帮助别人，富有正义感，但是有时又不自量力导致自己深陷危险的境地，让观众替他捏一把汗，但是他也非常机智聪明，并且最后总是能摆脱险境。他有冒险精神，也有傻傻的缺乏世故，却又要胜过他人的稚嫩的"野心"。它本性善良、天真、乐观，性格淘气而又聪明机灵。这个风趣幽默的小家伙，常常会引得笑料百出。一个全新丰满的米老鼠形象就这样横空出世，孕育而生了。

　　上海观众觉得迪士尼的动画新奇而吸引人，也因为他的身上散发着浓浓的美国味，是当时的大多数观众不熟悉的。如在动作表现上是美国人所熟悉的滑稽动作，在语言表达上也会使用美国人的幽默俚语，这种深厚的民族文化表达，让观众在观看动画的同时对大洋彼岸有了一种美好的想象。比如米老鼠的好伙伴唐老鸭，虽然在米老鼠系列短片里它是作为配角出现的，但最终它的魅力也使它成为大家心中经典难忘的动画形象。在《米老鼠与音乐会》中可以看到，动画片中这个大大咧咧，有些坏心眼的幽默角色唐老鸭一出现就让整个画面幽默热闹极了。唐老鸭诞生在美国20世纪30年代经济大萧条时期，它有着喜欢挑战、不满于现状的倔强性格，像极了当时美国人急于探索新事物、突破现状的心理。

这些都体现着美国文化浓郁的幽默性、与时代相呼应的民族特色。而鲜明的性格特色，又使得这些角色有了脱离原本电影，而独立存在于新的故事中的可能。于是《米老鼠开报馆》《唐老鸭大闹火焰山》和《唐老鸭的藏宝地图》等"本土化"儿童漫画书的出现也就顺理成章了。

　　米老鼠的形象如此深入人心，自然也蕴涵着丰富的商机。除了在漫画和海报等作品中吸人眼球外，在与电影并不相关的领域，也能见到米老鼠的身影。这些衍生品，对于整个产业具有重要意义。虽然我们无从得知当时上海出售的米老鼠等迪士尼卡通产品是否得到迪士尼公司的授权，但是，迪士尼卡通形象的衍生品在上海市场并不罕见，甚至有些店家直接作为赠品吸引顾客。如1935年7月15日的《申报》第13版登有一则广告"中西大药房四马路总店、联合各支店、自今日起，举行夏季大廉价，大赠品。各种药品香品售价之廉，前所未有，而赠品系用米老鼠更为新奇、至买一送一货品，竟达六种以上。如神效攻德水、法国香水、九星蚊虫香、双梅老牌爽身香粉等，应有尽有。新鲜子露大瓶每元三瓶，小瓶每元五瓶，一滴香洁白皮肤原料，每瓶五角则随一滴香香水奉送云。"这些促销商品与米老鼠本身并无关系，却用米老鼠形象招徕顾客，可见米老鼠的受欢迎程度，也足以看出米老鼠在当时的上海已如当红影星一般，老少咸宜，享受着大家的喜爱和追捧。

第四章

# 迪士尼与民国上海都市生活

民国老上海向来给人一种经典时尚又不失韵味的感觉。走在风格各异的老上海街头,即使是随意的一个街拍,也能读出民国老上海独有的气质,抑或欧陆建筑,万国风情;抑或幽深弄堂,优雅怀旧。从开埠到民国,海派文化在历史与西方的共同作用下,勾勒出一幅风情万种的海派风景图。

在包罗万象的老上海都市生活中,休闲娱乐的方式也是各式各样的。而卡通则是其中不可缺少的一部分。流行于当时的卡通形象,比较有名的米老鼠、唐老鸭、白雪公主等,都是出于迪士尼之手。迪士尼的卡通,潜移默化地影响着民国不同阶层的人们,从娱乐界到文化界,再到普通市民,无一不渗透着迪士尼的卡通精神,他用一种从未有过的手法,来宣示、传达着自己的人生态度,也由此走向了全世界。

# 一、娱乐界与迪士尼

民国上海,娱乐领域的发展可谓走在全国前列,电影、舞厅、选秀、马戏团、不夜城、跑马场等一应俱全,各类场所人山人海,灯红酒绿,好不热闹。而迪士尼卡通的流入,也必然与娱乐界发生千丝万缕的关系,甚至在中国掀起了一场别开生面的卡通热。

图 4-1 《中国白雪公主》剧照 《大美周报》,1940 年第 78 期第 6 页

## 中国的白雪公主

众所周知,《白雪公主与七个小矮人》是迪士尼先生的一大经典力作,即使到今天,也不会有人对它感到陌生。在刚刚传入到民国上海时,作品也受到了广泛欢迎,不仅是孩子,成年人也经常是卡通影院的座上客。由于受到热烈追捧,民国娱乐界的有识之士便动起了脑筋,觉得在中国要是也能拍出一场具有本国特色的白雪公主,影响力必势不可挡。

于是,《中国白雪公主与七矮人》便成了受迪士尼先生动漫影响而产生的具有中国本土化的童话影片,由当时的国联公司主持摄制,投入了大成本,主演选择也很考究,邀请了当时家喻户晓的童星陈娟娟担任主演。

左图 4-2 《白雪公主》曲谱 《银花集》，1938 年第 4 期第 5 页

右图 4-3 陈娟娟生活照 《电影》，1940 年 79 期第 1 页

这在当时的各大报纸上也都有报道，并得到持续关注。1940 年的上海《大美周报》(图4-1)上有这样的记载："国联公司摄制十分新奇之新片——《中国白雪公主》，由陈娟娟主演白雪公主，韩兰根、殷秀岑、洪警玲……分饰七矮人，导演为吴永刚，在新光大戏院开映"。

当时，报纸上也有对主演陈娟娟的大量报道和介绍，其中《陈娟娟返沪主演：白雪公主开拍》一文，道出了导演吴永刚对该片和主演的期许，他说，《白雪公主》中的陈娟娟，很有优美的演出，因为陈娟娟将届情窦初开的时节，饰演这片主角是很为适合的，并且吴导演预料将来问世之日，必有一个奇迹。这无不体现着导演对该片的重视和无限期望。同时，吴导演也安排由陈娟娟主唱《白雪公主》中的主题歌。这首歌的歌谱也曾在报纸上刊登过(图4-2,3)。

**小贴士** 陈娟娟(1928—1976) 民国童星，4 岁登台，7 岁一举成名，12 岁就被誉为中国的"秀兰·邓波儿"。成年后出演《同是天涯沦落人》《珠光宝气》《再生年华》等都取得了很好的票房。1949 年后，陈娟娟到香港定居，出演了《桃花依旧笑春风》《四姐妹》《小二黑结婚》等影片。60 年代末开始，陈娟娟转向幕后，尝试起了导演的工作，并执导了《英雄后代》《万紫千红》等。

图 4-4 万籁鸣制片报道
《东南风》，1946 年 23 期第 12 页

## 与华德·狄斯耐"别苗头"：万籁鸣再制卡通片

迪士尼动画对中国娱乐界的影响，不仅仅是在演艺界，在民国电影制作界也同样引起了震动，客观上促进了民国上海卡通界的发展。而在当时的中国，万籁鸣于摄影艺术上的成就，在落后的中国摄影界是可以算得第一流的，但若与世界各国的先进艺人相较，当时的评论也曾质疑，不知其能否入流。《东南风》中曾有记载，说"他曾经负责绘制过一部《铁扇公主》，是开了中国电影界的新纪录，可是技巧上的缺点尚多，他至今仍不满意，随时想找个机会，再制一部新的，并且是更有意义的。最近他与香港《大中华》接洽了已有头绪，他开始搜集绘图料资。他将以抗战中国作题材，片名《烽火进行曲》，而以一个孩子为主角，描写他在烽火中怎样成长与壮大起来，更穿插许多未来中国的幻想图。"（图4-4）

可见，迪士尼动画的巨大冲击力已经极大地刺激并影响到了民国卡通制作领域，以万籁鸣为主导的中国众多卡通制片人都在迪士尼的客观"带动"下，并结合中国当时的历史环境，多以抗战为题材，但不拘泥于抗战，试图寻找中国卡通界发展的新突破口，一定程度上促进了中国卡通事业的进步。

图 4-5 "中国的华德·迪士尼"漫画
《竞乐画报》，1936 年第 10 卷第 43 期第 26 页

　　下面是当时刊登在报纸上的号称"中国的华德·迪士尼"的漫画（图4-5），形态各异，栩栩如生。漫画底部还附了一行字："卡通漫画现在在中国很风行，万古蟾昆仲四人所做卡通影片已不少，为明星公司特别出品"。文中提到的万氏兄弟，按创作美术片时的署名依次是万籁鸣、万古蟾、万超尘和万涤寰。老大万籁鸣和老二万古蟾是孪生兄弟，相貌似极，他们的这组漫画形象看上去就如同从迪士尼卡通中走出的一般。

图 4-6 米老鼠和王人美
《联华画报》，1935 年第 5 卷第 11 期第 18 页

## 米老鼠与上海本土明星的相遇

当米老鼠来到上海滩，作为迪士尼卡通最红的明星，一旦与 1930 年代上海本土明星相遇，又会发生什么样有趣的情景呢？

1935 年《联华画报》杂志上出现了这样一幅漫画（图4-6）。画面上，可爱的米老鼠为上海当红影星王人美献上一尾鱼，旁边的文字写着："米老鼠巴结我们的野猫——王人美"。两个银幕上闪亮的明星首次站在了一起。1931 年，王人美因为主演爱国主义电影《野玫瑰》一炮而红，"野玫瑰"身上没有病态美人的扭捏作态，也没有摩登女郎的搔首弄姿，人们突然发现原来硬朗健康的姑娘也如此美丽。到了 1934 年，王人美又出演了标志她演艺生涯顶峰的电影《渔光曲》。凭借影片中渔家女"小猫"的经典角色，王人美又在观众中收获了"野猫"这个响亮的称号。当"野猫"第一次与卡通明星米老鼠相遇，"猫鼠之间"相逢一笑，看上去是如此生动和谐，她们在这里各安其所，相得益彰。民国风情，上海味道，中国特色，世界潮流——中西文化的交汇就这样谱写出新的迷人乐章。

1930 年代的十里洋场上海滩，有个大名鼎鼎的王先生，大街小弄都流传着描绘他外貌特征的打油诗："锃亮光头象电灯泡，八字胡子翘了翘；倒挂眉毛抖又抖，走起路来摇三摇；屋里住勒石库门，日脚过得蛮风光；喜欢女人怕老婆，欲火焚身差点命报销。"这个由叶浅予先生绘制的反映

**小贴士** 王人美（1914–1987）电影表演艺术家。1927 年入上海美美女校就读。1931 年后主演或参加演出《野玫瑰》《芭蕉叶上诗》。所主演的《渔光曲》于 1935 年在苏联第一届国际电影节上获荣誉奖。

小市民生活的"王先生"系列漫画当时十分火爆，1934年就曾经拍成电影，到了1993年，上海电影制作厂又拍摄了一部《王先生之欲火焚身》，将这个中国美术史上著名漫画作品再次搬上银幕。"王先生"的形象实际上反映当时底层市民的生存状况和社会世相，更多的揭示了那个社会的恶习与痼疾。1939年，有画者在上海《现世报》发表《外国米老鼠拜望王先生》(图4-7)，描绘了两个漫画人物相遇的戏码。不过，这一次米老鼠与上海本土明星的相遇看上去就不那么美好了。画中两个人物起了冲突，图下配了沪语文字云："外国米老鼠，拜望王先生，口大鼻头高，像点啥个腔。老王一看见，吓得无处响，叫声密司脱，请你勿打棚。鄙人胆子小，急得眼泪汪，老鼠不答应，就此一巴掌。呜呼王先生，主张不抵抗，生活吃不消，顿时见阎王"。王先生被外国米老鼠的形象吓坏了，求饶说，先生不要开玩笑。而米老鼠上手一巴掌，最终导致王先生呜呼哀哉。漫画从某种程度反映出迪士尼卡通形象对市民观念的冲击，也反映出底层社会对外来文化的些许隔膜和抵触，而联系到抗日战争国土沦陷的时代背景，作者的意思，可能更多的是借米老鼠之手讽喻了"主张不抵抗"的悲哀。

图4-7 米老鼠与王先生《现世报》，1939年第53期第12页

**小贴士** 叶浅予（1907—1995），从事国画教育，擅舞蹈、戏剧人物为主的国画创作，中国漫画和生活速写的奠基人。1926年起在上海当过柜台伙计，画过广告、教科书插图，并从事时装设计、舞台美术布景。1928年任上海漫画社编辑，开始漫画创作，后集成《王先生别传》和《小陈留京外史》等。

在民国时期的娱乐语境中，如果说王人美代表了高大上和白富美，那么王先生无疑就是矮矬穷的猥琐男形象。在上海漫画作者两种截然不同的本土化叙述中，米老鼠在不同的社会层面，既可以与上海的高大上和谐共处，也会发生与小市民的冲突对立，这实际上体现出1930年代上海社会本身的矛盾和复杂之处，歌舞升平与内忧外患交织出错综迷离的世相，悄然铸就了魔都上海的魔性。

## 月份牌与迪士尼卡通

月份牌广告是中国传统文化的传承者，具有鲜明的民族性，既是东西方文化的传播者，又具有世界性。某种程度上讲，月份牌见证了民国时期上海市民生活逐步城市化、世界化的进程。不过当时流行的擦炭水彩画技法，由于创作经过水彩罩染，干燥后常常是灰蒙蒙的调子，与1920年代中后期上海洋风时尚中的光鲜亮丽格格不入。而鲁迅也曾批评："月份牌除了技巧不纯熟之外，它的内容尤其卑劣，中国现在并非没有健康的女性，而月份牌所描写的却是弱不禁风的病态女子。"[1]

到了1930年代，包括卡通片在内的美国电影已大举进入上海，米老鼠和唐老鸭在华特·迪士尼的笔下诞生后，迪士尼卡通跳跃艳丽的色彩也为上海的新派生活增添了摩登元素。都市的女性开始走出深闺，换上更强调腰身与曲线的改良式旗袍，周旋于职场、舞厅、电影院、咖啡馆。而最懂得描绘这一时期摩登女性之美的，则是一位月份牌大师——杭穉英。杭穉英是追逐时代风潮的高手，迪士尼卡通的色彩更是让他如醉如痴。他悄悄尝试在不影响明暗关系的前提下减淡炭精粉的黑灰调子，比如画人物，只勾勒明暗转折的部位，暗部尽量用明快的色彩去表现，像卡通片一样艳丽耀人，突出时代特征。他不惜购进美国进口的上等颜料、画纸，结果大获成功，所绘人物结构更加准确，光影更加逼真，色彩更加鲜艳，背景更加新潮。在署名"穉英"的月份牌画中，总能看到这样的尤物——她们曲线玲珑、面若桃花，身穿各种旗袍，脸上总挂着一种类似于同时

图4-8 广生行双妹嚜化妆品
（1937年，52厘米×76厘米）

**小贴士** 杭穉英（1900—1947），13岁随父进上海商务印书馆，潜心钻研；后自立画室，出版月份牌，设计商品商标包装，为我国最早的商业美术家之一。

---

[1] 漫友文化. 约绘 名伶. 哈尔滨：黑龙江美术出版社，2013：15.

期美国招贴画女郎的笑容(图4-8)。他的变革对商业美术画风起到了脱胎换骨的作用，从而形成了一种全新的上海美女形象[1]。

## 特约长篇漫画——米老鼠两游上海滩

迪士尼卡通的诸多作品中，米老鼠算是最早也最具特色的经典形象了。在这一形象红遍中国的大江南北之时，上海都市生活中也出现了诸多以米老鼠为主体的衍生品，比如明信片、小儿书和漫画等。漫画是足够吸引人的卡通形式，当时刊登于报端的卡通漫画中，以范琅作的四格漫画《米老鼠游上海》最为著名(图4-9)。该漫画以一雄一雌两只米老鼠来上海游玩为主线，将米老鼠的形象巧妙地嵌入到民国老上海的都市生活中，春节、中秋、黄包车、旗袍、外滩、国际饭店等中国和上海元素都给人以眼前一亮的亲切感。

这组漫画中，米老鼠夫妇的对话颇有特色："好莱坞玩腻了，这次来上海换换空气！""想不到在上海也有这么一会风头好出""我们入了中国籍，也该穿起中国装来，你这样打扮，可是标准型的中国小姐了""真奇怪，这样兵荒马乱的时期，电影院依旧那么挤""我也在想，上海尽多着这些人物，他们是过着悠闲的高等居民生活"等。从漫画中可以看出，米老鼠形象在上海是家喻户晓的名人，走到哪儿都有风头可出。同时，从电影院里米老鼠夫妇的对话来看，作者是想借米老鼠的口，来讽刺抗战时期某些中国人的麻木不仁，颇有"商女不知亡国恨，隔江犹唱后庭花"之感。

---

1 由国庆. 老广告里的香艳格调. 上海: 远东出版社，2012: 149.

图4-9 漫画《米老鼠游上海》
（图选）
《世风》，1939年

左图 4—10　漫画《米老鼠游上海》(图选)《儿童世界》，1948 年

右图 4—11　漫画作品《滑稽世界》，1938 年第 30 期第 35 页

大概十年之后，上海滩出现了同名长篇漫画，只不过作者已是另有其人，画风也随之一变。其中，《除夕》这组米老鼠游上海的漫画，主要描画了米老鼠在上海过农历新年时的惊慌和可爱形象。当他半夜睡得正香时，窗外此起彼伏的鞭炮声将它吵醒，吓得它竟以为是"第三次世界大战"爆发了，连忙躲在了床底下。这样，通过米老鼠惹人发笑的傻乎乎的反应，便刻画出了中国传统文化与西方文化的不同。(图 4—10)

这组长篇漫画的内容还包括"小黑人""发财梦""好礼物""大闹运动会""月亮也是美国好""何必回国去""不会饿死的秘诀""儿童节的礼物""拆穿西洋镜""西墨到上海""逃难""拍苍蝇"等十五个不同系列，都生动地刻画了一个在上海游玩时洋相百出的米老鼠形象，让人忍俊不禁。

当时沪上不少报刊还时常推出迪士尼卡通形象的漫画，例如著名的漫画杂志《滑稽世界》1938－1939 年连载 20 期《米老鼠》漫画，1940－1941 年间连载《鸭子唐纳》漫画，作品未署名，人物采用汉语对话，应该均为本土画家的作品。

图 4—11 为该刊 1938 年的一幅漫画作品。画中人物面对家中鼠患致电迪士尼公司："喂，是米老鼠影片公司吗？许多米老鼠在我家捣乱呢！"

## 二、上海市民与迪士尼

在异彩纷呈的民国,老上海人的都市消闲娱乐方式中,观影已经成为他们生活中不可或缺的重要组成部分。1932年出版的《上海门径》中如是说:

> 电影本是外国的一种玩艺。自从流入中国后,因电影非但是娱乐品,并且有艺术上的真义,辅助社会教育的利器,所以智识阶级中人首先欢迎……象征一般仕女,对电影都有相当认识了。所以"看电影"算是一句摩登的口号。学校中的青年男女固然如此,便是老年翁姑也都光顾电影院。所以近年来国产电影业未见勃兴,但电影院合着大众的需求,先后成立的不下二十余所。其势蒸蒸,大有傲视舞台,打倒游艺场的气概。

迪士尼的卡通形象就在民众的这种观影生活中生根发芽,不仅在娱乐界、漫画界等文艺领域大放异彩,也同样以其灵动曼妙的身姿飞入寻常百姓家,使生活在民国上海的广大市民大饱眼福。值得注意的是,卡通片并不像人们想象的那样,是专门为儿童设计的专利。迪士尼动画的众多衍生品,如绘本、漫画图书、迪士尼画报、儿童乐园等都出现在上海都市的繁华光影中。这就使得当时的老上海人,不管儿童还是成年人,都深深地被这些跃动的精灵们所吸引,徜徉在卡通的世界里,且行且笑,不亦乐乎。

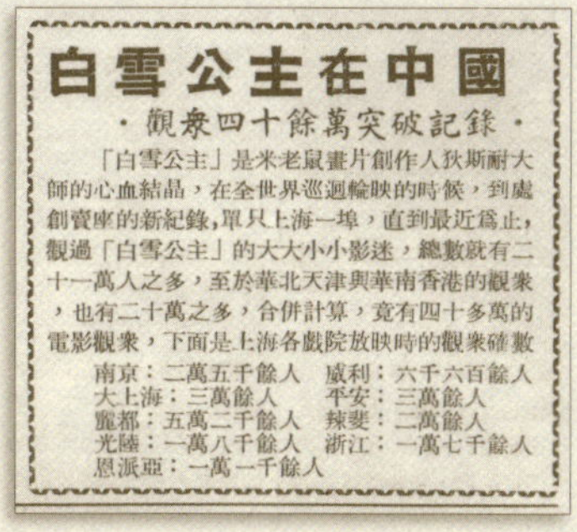

**白雪公主在中國**

·觀衆四十餘萬突破記錄·

「白雪公主」是米老鼠畫片創作人狄斯耐大師的心血結晶，在全世界巡迴輪映的時候，到處創賣座的新紀錄，單只上海一埠，直到最近爲止，觀過「白雪公主」的大大小小影迷，總數就有二十一萬人之多，至於華北天津與華南香港的觀衆，也有二十萬之多，合併計算，竟有四十多萬的電影觀衆，下面是上海各戲院放映時的觀衆確數

南京：二萬五千餘人 威利：六千六百餘人
大上海：三萬餘人 平安：三萬餘人
麗都：五萬二千餘人 辣斐：二萬餘人
光陸：一萬八千餘人 浙江：一萬七千餘人
恩派亞：一萬一千餘人

图 4-12 《白雪公主》高票房引来媒体关注
《电声》1939 年第 8 卷第 29 期第 1204 页

## 《白雪公主》创造票房纪录

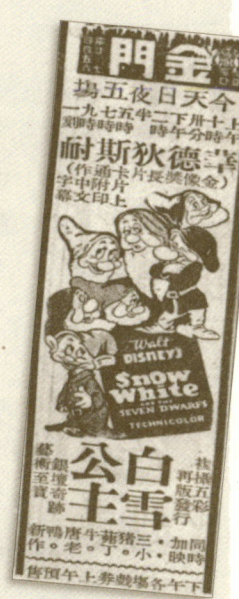

图 4-13 《白雪公主》电影广告
《申报》1941-08-31 第 9 版

当时的诸多报刊中，都有对各大影片票房和满意度的调查及载文，在《上海观众最欢迎的影片及明星》一文中，作者明确指出“最受观众欢迎的影片为《白雪公主》”。更有记载称：“过去一年，各影院卖座特盛之影片，当推狄斯耐之米老鼠长篇《白雪公主》，其次为《罗宾汉》。而《白雪公主》一片，甚至在第二轮影院公映时，每日连映五场，而无场不满，实属空前盛况。”（《银花集》1939 年特色版，第 15 页。）《狄斯耐发现新金矿白雪公主创造影坛卖座新纪录：盈余近千万金元》一文中写道：“白雪公主在中国拥有观众五十万人，单就本埠二论，纪录将接近三十万。”（《银影》1939 年第 8 页）。

据《申报》，当时丽都大戏院、大上海大戏院、平安大戏院、南京大戏院、辣斐大戏院分别以 5.2 万余人、3 万余人、3 万余人、2.5 万余人、2 万余人的卖座成绩位居上海各大影戏院前 5 位。市民们看得目瞪口呆，百看不厌，《白雪公主》在上海一埠创造了空前的票房价值，在当时《电声》和《申报》的报道中都会看到这样的标题：“白雪公主获利破最高纪录，收入七百万元”“白雪公主在中国、观众四十余万破纪录”（图 4–12）。据报载，迪士尼的《白雪公主》和米高梅的《飘》就分别在 1938 年和 1940 年创下上海当年的票房冠军，票房居高不下，票价一度从 3 元升至 8 元[1]，而当时一个工人的平均月薪约为 14 元，看来人们观影的热情简直可以用“疯狂”来形容了。

而当最初的热情消退之后，这部电影在上海依然常映不衰，我们可以在两年之后的《申报》上发现还有《白雪公主》（图 4–13）广告，且一天

1 舒其. 上海二年. 中报, 1940 年 8 月 10 日.

提供多达五场的放映,由此可见,当时的《白雪公主》在中国是多么受欢迎。一路高升的票房纪录正印证了当时民众对《白雪公主》的广泛支持,这也为迪士尼进一步打开中国电影市场开辟了道路,而其卡通衍生品的大量出现也无不显示着市民对《白雪公主》的追捧。

## 《白雪公主》的衍生品深受喜爱

迪士尼电影在上海票房大卖,使得电影的衍生品也受到市民的极大欢迎,比如《白雪公主》和《木偶奇遇记》的曲谱在市民当中抄阅学唱,木偶奇遇记的彩印连环画册和影片场景照片在市面上大受欢迎,在商场书店可以买到白雪公主和7个小矮人的图书和玩具、白雪公主果盘等物品。另外,米老鼠、唐老鸭卡通造型的烫印纸也成为商家的生产对象,市民们对于迪士尼动画人物的描图、填色等手工活动极为欢喜,一些杂志专门有素材和文章为此提供便利。(图4-14)

《儿童之友》1936年有一篇《米老鼠推车》的文章就是专门教小朋友们制作米老鼠手工(图4-15),《沪光》杂志1936年教小朋友制作米老鼠不倒翁(图4-16)等,也受到读者青睐。

除了银幕上的《白雪公主》,当时上海百货公司楼上的"儿童世界",就有白雪公主和7个小矮人的

图4-14 迪士尼卡通人物的描图和填色
《电声》,1938年第7卷 第45期第1页
《电声》,1939年第8卷 第1期第1页

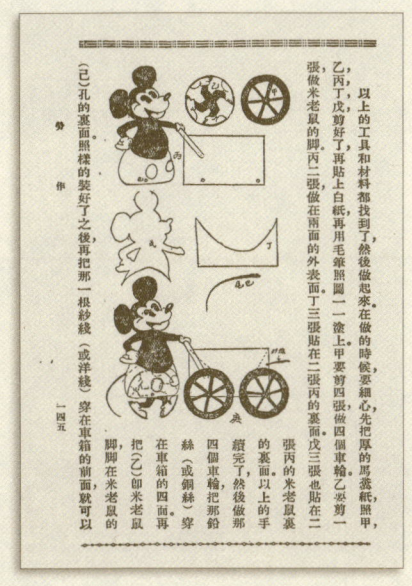

左图 4-15 米老鼠推车
《儿童之友》,1936 年第
2 期第 145 页

右图 4-16 米老鼠不倒翁
《沪光》,1936 年第 1 期
第 13 页

可爱造型。在市面上,也可以买到 7 个小矮人的图书和玩具,白雪公主果盘等物品。

而 1938 年 12 月 25 日的《申报》中,一篇《上海的白雪公主狂》的文章记录了广大上海市民对白雪公主衍生品的喜爱:

> 你在任何一家店铺里,准会发现伊在出售儿童玩具。你已忘记了这些矮人的名字吗?他们叫——快乐,老顽固,怕羞,博士,喷嚏,贪睡与哑子。他们已与上海人混得很熟,尤其是老顽固与博士两个。在书店或玩具店里,我们常会看见他们的肖像。因为上海人的妒忌心是很重的缘故,那个快乐的王子并没有与白雪公主同来。几乎每一个上海儿童都知道白雪公主的。早在华德·狄斯奈将伊与七个矮人画成活动画片之前,他们已在故事书中读到了。无论是中国或是外国小孩,现在都已把爱羡秀兰·邓波儿的心,转移到白雪公主身上来。以前,秀兰的洋囡囡极受欢迎,今年的大众爱物,就是这白雪公主。各大公司的玩具世界中,也满是展列着白雪公主与伊的七个矮人。成千成万的儿童,甚至于是大人都走往那里去瞻仰那高大的白雪公主的肖像。有白雪公主的洋囡囡与小的老顽固,快乐,博士等等的画片。这些矮人的面具也到处有出售。

另外,白雪公主果盘畅销,成为家家户户争相购买的日用品。根据《大陆报》1938年12月17日的报道,"白雪公主"和"七个小矮人"成为当年圣诞节的送礼佳品,也成为商店内的紧俏商品。此外,迪士尼卡通形象的其他衍生品,如米老鼠、唐老鸭的明信片、漫画书,也都纷纷成为上海众多儿童、市民日常的消费对象,为平淡的生活增添了些许灵动的亮色。

## 《木偶奇遇记》再掀观影热潮

当"白雪公主"以其曼妙的身姿舞遍沪上荧幕时,另一部卡通巨著《木偶奇遇记》也在放映之初就掀起一股巨浪。沪上《大美周报》就曾以多个版面对影片给予关注。据《1940年影坛大事:卡通巨片〈木偶奇遇记〉首次献映》记载称:

> 本市南京和大上海两戏院的首次开映《木偶奇遇记》是本年度的影坛大事。华德狄斯耐的上一部长篇制作是《白雪公主》,两年来代表电影艺术的最高峰。现在狄氏又产生了《木偶奇遇记》,可与他的《白雪公主》相媲美。……这部片子后来居上,即《白雪公主》也为之逊色。

> 华德狄斯耐的第二部长篇卡通《木偶奇遇记》已经在南京戏院和大上海戏院放映了,这张卡通的情节很好,富有娱乐价值,它是第一部长篇卡通《白雪公主》的劲敌。

图4–17 《木偶奇遇记》报道插图及《米老鼠大会》广告
《大美周报》1940年4月28日第48期

但《木偶奇遇记》起初并没有拍摄成影片,而只是一本名著,后来因为众多读者要求拍摄成卡通片,才慢慢有了卡通版的《木偶奇遇记》。据公司的影迷通讯部报告,他们接到过不少信,要求摄制《木偶奇遇记》,图书馆的管理员也写信来说,《木偶奇遇记》可以摄制卡通,儿童图书馆管理员也以为这部书爱好的人很多。我们可以说几乎每一个小孩都曾看过这本名著,碰着过这位说一次谎话鼻子就长几寸的木偶。而对这部卡通影片的评价,《木偶奇遇记的制作过程》一文中有这样的记载:"这张片子无论对于老幼,都能引起他们的兴趣。根据图书馆的统计,我们知道每一个儿童都欢喜《木偶奇遇记》。"(图4–17)

当时刊登于各大报纸上的卡通影片广告,是向广大读者宣传卡通新片的重要渠道,也是市民与迪士尼产生联系的最普遍最直接的方式之一。通过这样的登载和宣传,让读者和观众以最快的方式了解影院讯息,以便更好地去观影。

## 迪士尼影片成为吸引观众及庆祝节日的手段

为了让上海居民对安全引起重视,安全周期间租界当局特摄制安全影片在路边放映。为了吸引观众,同时放映迪士尼卡通影片一卷。可见,迪士尼已经充当了增强宣传效果的手段之一。

> 去岁举行安全运动时,亦曾在路旁放映此种影片,惟警务当局去年既获经验,乃能改良方法,故本年成绩,可望胜于去岁,影片放映时,另有一人在旁详加阐述,且有米老鼠卡通影片一卷同时放映,吸引观众。去岁上海各电影院观众获见安全第一运动影片者,不下十五万人,而在路旁放映者,范围虽较本年为小,观众亦达五万人,预料明日(二十日)如果转晴,此项影片将在文盲华人集居之马路旁开始放映,而各游戏场与大工厂,亦将逐一开映此片。[1]

此外,迪士尼影片还成为当局庆祝儿童节免费播放的电影内容之一。根据《申报》的有关报道,1941年4月4日,为了庆祝第十届儿童节,播放广播儿童节目慰问苦难儿童,免费放映电影作品等招待儿童。在放映的电影中,迪士尼的动画片当然位列其中。金城大戏院和京都大戏院都播放了与米老鼠有关的影片。

由此可见,迪士尼影片在民国老上海市民的日常生活中,还是占据一定的比重的,不管是平时观影、儿童节,还是宣传活动,老上海的街头都已经离不开那些可爱的卡通小东西了。

---

1 安全周征象良佳可获绝大成功. 申报, 1940-11-20 (10).

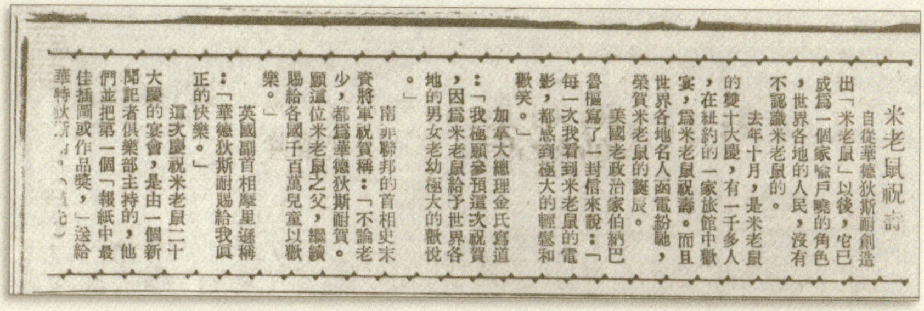

第四章 迪士尼与民国上海都市生活

图 4-18 介绍米老鼠祝寿
《申报》，1948 年 3 月 16 日

## 沪媒不断为市民带来迪士尼全球动态

作为已经具有世界眼光的沪上媒体，当时的迪士尼报道内容并不局限于国内。有关迪士尼在全球的一举一动，如建新厂、办展览、投新片、打官司等不一而足。除了《好莱坞》（周刊）、《亚洲影讯》等电影杂志的常年跟踪报道，其他时政、生活、大众新闻媒体也不乏迪士尼的身影。

根据《申报》刊登的有关文章，1939-1940 年，唐老鸭的拍摄工作成为重头戏；1940 年初，迪士尼先生的第二部长篇作品《木偶奇遇记》也快要摄制完成，该部影片的拍摄计划早在两年前已经启动。

另外，根据《新民晚报》1947 年的报道："迪士尼表示今后每年保持出品二部长片的计划，同时将在今年内发展国外市场。今年的二部长片，一是《趣味幻想的自由》(Fun and Fancy Free)，此片后半部寓意极佳，系以辛克莱著名短篇小说《小熊》为蓝本，说明自由之可贵"[1]。《新民晚报》同年还曾介绍："于1940年完成了第一部长篇的卡通《白雪公主》。各国对于此片的兴论，均穷竭赞词，从此这位谐画鼻祖——华德狄斯耐的声誉，撼振整个世界的艺术界上"[2]。

《申报》发表于1948年的《祝寿》一文（图4-18）中，记载了各国名流对米老鼠的赞赏之情。报道指出，自从华德·狄斯耐创造出"米老鼠"以后，它已成为一个家喻户晓的角色，世界各地的人民，没有不认识米老鼠的。去年１０月，是米老鼠的双十大庆，有一千多人，在纽约的一家旅馆中欢宴，为米老鼠祝寿，而且世界各地名人函电给狄斯耐，荣贺米老鼠诞辰。文章介绍，美国老政治家伯纳巴鲁极写了一封信中说："每一次我看到米

**小贴士** 从 20 世纪 20 年代末期开始到 40 年代末期为止，对好莱坞的好奇和羡慕，催生了一批以好莱坞明星和好莱坞影片为主要消费对象的影迷杂志，在这些影迷杂志中，直接以"荷莱坞"和"好莱坞"命名的竟有 5 种之多。《好莱坞》（周刊）创刊于上海。这本由上海电影周刊社编辑，友利公司出版部出版发行的影迷杂志，以介绍好莱坞新人影片为主，设有好莱坞消息、特写、新片介绍、电影小说、电影歌曲、电影人物等栏目。《亚洲影讯》为上海亚洲影院公司宣传刊物，主要介绍南京大戏院、大上海大戏院、国泰大戏院、大光明大戏院、美琪大戏院几家西片首轮影院的上档新片，曾发行 3.7 万余份。

---

1 华德狄斯耐 年拍二部长篇. 新民晚报, 1947-05-12 (3).
2 米老鼠的诞生 狄斯耐卡通片的发展史. 新民晚报, 1947-01-08 (3).

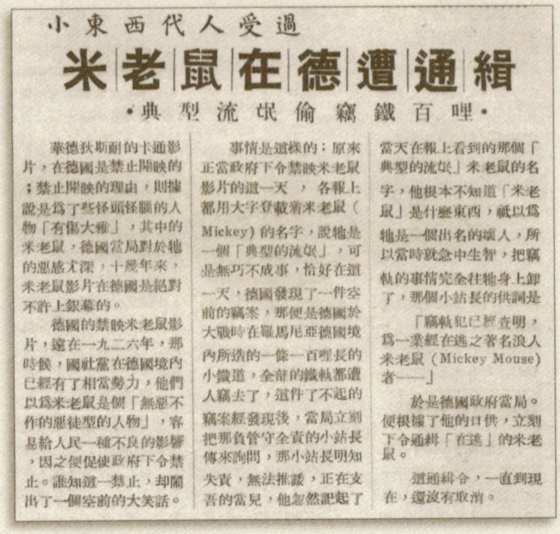

小東西代人受過

米老鼠在德遭通緝

·典型流氓偷竊鐵百哩·

華德狄斯耐的卡通影片，在德國是禁止開映的；禁止開映的理由，則據說是爲了些怪頭怪腦的人物「有傷大雅」，其中的米老鼠，德國當局對於牠的惡感尤深，十幾年來，米老鼠影片在德國是絕對不許上銀幕的。

德國的禁映米老鼠影片，遠在一九二六年，那時候，國社黨在德國境內已經有了相當勢力，他們以爲米老鼠是個「無惡不作的惡徒型的人物」，容易給人民一種不良的影響，因之便促使政府下令禁止。誰知這一禁止，却鬧出了一個空前的大笑話。

事情是這樣的：原來正當政府下令禁映米老鼠影片的這一天，各報上都用大字登載着米老鼠（Mickey）的名字，說牠是一個「典型的流氓」，可是無巧不成事，恰好在這一天，德國發現了一件空前的竊案，那便是德國於大戰時在羅馬尼亞德國境內所造的一條一百哩長的小鐵道，全部的鐵軌都遭人竊去了，這件了不起的竊案經發現後，當局立刻把那負管守全責的小站長傳來詢問，那小站長明知失責，無法推諉，正在支吾的當兒，他忽然記起了當天在報上看到的那個「典型的流氓」米老鼠的名字，他根本不知道「米老鼠」是什麼東西，祇以爲牠是一個出名的壞人，所以當時就急中生智，把竊軌的事情完全往牠身上卸了，那個小站長的供詞是

「竊軌犯已經查明，爲一業經在逃之著名浪人米老鼠（Mickey Mouse）者……」

於是德國政府當局。便根據了他的口供，立刻下令通緝「在逃」的米老鼠。

這通緝令，一直到現在，還沒有取消。

图 4–19　米老鼠代人受过
《电声》，1939 年第 8 卷第 31 期
1282 页

老鼠的电影，都感到极大的轻松和欢笑。”加拿大总理金氏写道：“我极愿参与这次祝贺，因为米老鼠给予世界各地的男女老幼极大的欢悦。”南非联邦的首相史末资将军祝贺称：“不论老少，都为华德· 狄斯耐祝贺。愿这位米老鼠之父，继续赐给各国千百万儿童以欢乐。”英国副首相摩里逊称：“华德· 狄斯耐赐给我真正的快乐。”

《电声》杂志 1939 年《小东西代人受过　米老鼠在德遭通缉》为题报道介绍（图 4–19），德国 1926 年开始禁映了迪士尼影片，理由说是怪头怪脑的人物“有伤大雅”，他们以为米老鼠是个“无恶不作的恶徒型的人物”，容易给人民一种不良的影响，因之便促使政府下令禁止。谁知这一禁止，却闹出了一个空前的大笑话。事情是这样的：原来正当政府下令禁映米老鼠影片的这一天，各报上都用大字登载米老鼠（Mickey）的名字，说他是一个“典型的流氓”。可是无巧不成书，恰好在这一天，德国发现了一件空前的窃案，那便是德国于大战时所造的一条一百哩长的小铁道，全部的铁轨都遭人窃去了。这件了不起的窃案案发后，当局立刻把那负管守全责的小站长传去询问，那小站长知无法推诿。正在支吾的当儿，他忽然记起了当天在报上看到的那个“典型的流氓”米老鼠的名字，他根本不知道“米老鼠”是什么东西，只以为他是一个出名的坏人，所以当时就急中生智，把窃轨的事情完全往他身上推卸了。那个小站长的供词是“窃轨犯已经查明，为一众经在逃之著名浪人米老鼠（Mickey Mouse）者”。于是德国政府当局便根据他的口供，立刻下令通缉“在逃”的米老鼠。

《电声》 还有一则报道《水牛趣史命运不通，德意日三国禁映狄斯

第四章　迪士尼与民国上海都市生活

左图 4—20　禁映迪士尼电影的报道
《电声》，1939 年　快乐周刊 125 页

右图 4—21　捷克共产党播映迪士尼电影的报道
《星期影讯》，1946 年第 1 卷第 6 期 6 页

耐卡通新片，认为内容有反战意味》(图4-20)提到，德意日三国对于电影检查，原来就是有着他们本身的立场，检查的标准上，限制得非常严格。而对于好莱坞的影片，更加没有好感，因为好莱坞最近迷漫着一种反法西斯的空气，而这种空气，对于德意日三国，都是头痛之至的。而最近迪士尼的卡通新片《水牛趣史》(Ferdinand the Bull)，在德意日三国又遭禁映了，那禁止的理由，是"太和平了"。

1946 年，内战山雨欲来，国共谈判与冲突成为报纸关注焦点。《星期影讯》以《共产党对狄斯耐有好感》为题刊载报道(图4-21)，标题十分夺人眼球，但内容却相隔万里。文章介绍，捷克共产党通过播映迪士尼卡通片的方式来吸引投票竞选，而这是捷克观众 6 年来第一次看到迪士尼卡通片。这也反映出紧张时局下，舆论在迪士尼身上看到的某种文化敏感。

## 三、文化界与迪士尼

迪士尼的卡通形象不仅在娱乐界长驱直入，并在上海占领了观众市场，而且也以其独特的魅力引起了当时中国文化界人士的广泛关注。众多文化界的泰斗级人物都曾对迪士尼的卡通形象和这种影片形式作出了评论，而且大部分都是持肯定态度的。

## 17 岁的张爱玲：论卡通画之前途

平日里，我们所了解的一代才女张爱玲，都是身着旗袍，眼神深邃，嘴里幽幽地吐着香烟的优雅形象，而她的文字也像白墙上的一抹蚊子血，读来深入骨髓。但在卡通画面前，张爱玲的笔触竟也变得轻巧起来，她对老上海卡通画的看法，侧面反映了当时迪士尼卡通在中国的影响力。

1937 年，17 岁的张爱玲在圣玛莉亚女校校刊《凤藻》上以"高三 张爱玲"署名发表《论卡通画之前途》一文（图 4-22）。张爱玲认为，虽然卡通画这名词在当时的中国只有不到 10 年的历史，但大概没有一个爱看电影的人不知道华德·狄斯耐的《米老鼠》的。关于卡通画的事业，她认为当时可以算很光明灿烂了。画片除了配音之外，又加上绚烂的色彩；米老鼠的画像成为圣诞的商店里最好的点缀；有许多观众上电影院去专为看米老鼠。可是，让我们试问大多数的观众们，卡通画在他们心目中究竟占着一个什么地位？听听他们的回答吧！"卡通是电影院中在映完新闻片之后，放映正片之前，占去一段时间的娱乐，特为孩子们预备的。它负着取悦孩子们使命，所以它必须要滑稽突梯，想入非非，我们不要它长，因为画出来的人物多看了要头晕，我们很赞成狄斯耐先生把许多名闻世界的古老的童话搬上银幕，因为孩子们比较喜欢看活动的映画，不爱看书本中的呆板的插画。"那些好莱坞的卡通画家竭力想迎合观众的心理，提高他们的作品号召力，于是他们排了队出发去搜寻有趣的童话，神话，滑稽的传说，如《玻璃鞋》《小红风帽》之类，都是最可珍贵的材料。

张爱玲认为，卡通画是有它的新前途的。有一片广漠的丰肥的新园地在等候着卡通画家的开垦。未来的卡通画绝不仅仅是取悦儿童的无意识的娱乐，还能够反映真实的人生，发扬天才的思想，介绍伟大的探险

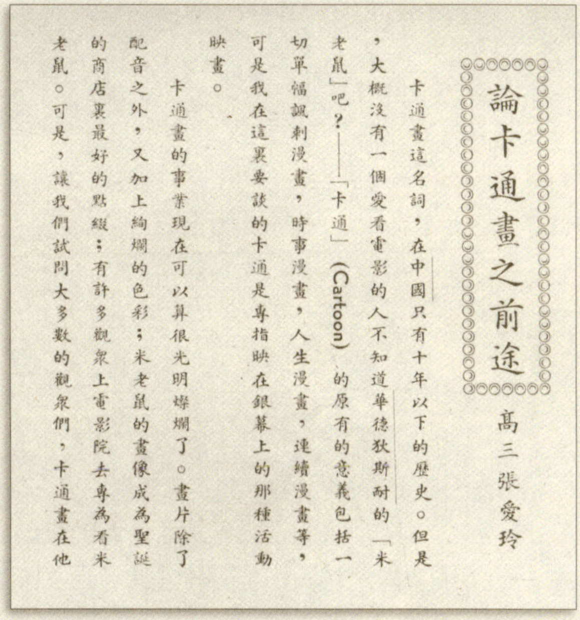

論卡通畫之前途

高三 張愛玲

卡通畫這名詞，在中國只有十年以下的歷史。但是，大概沒有一個愛看電影的人不知道華德狄斯耐的「米老鼠」吧？——「卡通」(Cartoon)的原有的意義包括一切單幅諷刺漫畫，時事漫畫，人生漫畫，連續漫畫等，可是我在這裏要談的卡通是專指映在銀幕上的那種活動映畫。

卡通畫的事業現在可以算很光明燦爛了。畫片除了配音之外，又加上絢爛的色彩；米老鼠的畫像成為聖誕的商店裏最好的點綴；有許多觀衆上電影院去專為看米老鼠。可是，讓我們試問大多數的觀衆們，卡通畫在他

图 4–22　张爱玲发表的《论卡通画之前途》《凤藻》，1937 年第 17 期 4–6 页

新闻，灌输有趣味的学识。一个好的历史卡通必须使读过历史的与未读过历史的人全懂得，而且必须引起他们的兴趣。将来，当卡通画达到它艺术的顶峰的时候，现在的这种滑稽的神话式的卡通并不会消灭，可是它只能在整个的卡通界中占着小小的一席地，因为幻想到未来，科学卡通、历史卡通、文学卡通……都会陆续在大世界、天韵楼放映着。也许有人会怀疑。然而，电影在新发明时代，不是同样被认为是引儿童发笑的东西吗？但现在有些影片的严肃的态度却可以做学校里课本的补助品了，并且有些电影的艺术价值是公认为足以永垂不朽的。卡通的价值决不在电影之下。如果电影是文学的小妹妹，那么卡通便是 20 世纪女神新赐予文艺的另一个玉雪可爱的小妹妹了。我们应当用全力去培植她，给人类的艺术发达史上再添上灿烂光明的一页。

**小贴士**　张爱玲（1920–1995），出生于上海的现代著名女作家。著有《沉香屑》《倾城之恋》《金锁记》等脍炙人口的小说，创作大多取材于上海、香港的上层社会，作品既以中国古典小说为根底，又突出运用了西方现代派心理描写技巧，形成极具特色的个人风格。

张爱玲曾自称“我是一个古怪的女孩”，她的内心世界是比较封闭的，因此难以合群，交友也很少。不过与她有深交的好友，大多也是电影的发烧友。例如她的终生至交炎樱，原是她就读于香港大学时的同学，也是当时常在一起看电影的同好。张爱玲曾在《烬余录》中热情夸赞她，原因之一就是 1941 年底日军攻打香港时，“同学里只有炎樱胆大，冒死上城去看电影——看的是五彩卡通”。不知道她们看的是不是迪士尼的《木偶奇遇记》呢？

17 岁的张爱玲虽然文笔还显稚嫩，但她以其女性独特的富有洞察力的观点温柔却一针见血地诉说着卡通的优点和未来的光明前途，读来给人以明晰清新之感。

## 林语堂三谈米老鼠

相较于张爱玲的直接和通俗,林语堂对迪士尼卡通的看法则更看重深层次的意义。他曾先后三次以米老鼠为题撰文,站在"生活的艺术"高度,大力提倡迪士尼卡通片的幽默态度。这三篇文章分别是:刊载于上海《论语》杂志(1935年75期)的《论米老鼠》、收录于杂文集《爱与讽刺》(上海自强书局,1940年)的《米老鼠》、收录于《讽颂集》(上海国华编译社、龙门联合书局,1941年)的《米老鼠》。其中《论米老鼠》一文,原作以英文写成,首先发表在南京的 The China Critic(1935年9月19日)上(图4-23)。针对当时一部分目中无人的青年人,文章通过谈论迪士尼的价值,来表达卡通之于当时的中国所具有的诸多现实意义。下面是文中林语堂和青年的对话:

> "《王先生》我很喜欢看,这种连环图画很能把人类之愚蠢可笑形容出来……其功与社会小说相等",我说。"《王先生》有什么文学价值!浅薄,无聊!"眼光甚高之乳臭未干青年这样说。

接着,林语堂便语重心长地开始了对青年的教诲:

> 我想米老鼠之所以好,原不在其感人之力,只是叫你开心,叫你笑。人生是这样苦闷的,有什么正当而无损的消遣都是于精神有益,晚上看电影愈开心,白天做事愈高兴。原来就是因为我们生成不是神仙,人生是悲欢离合凑成的,也要有苦,也要有乐,才是人的生活。即使神仙,我想假使在西王母面前只许跪拜,不

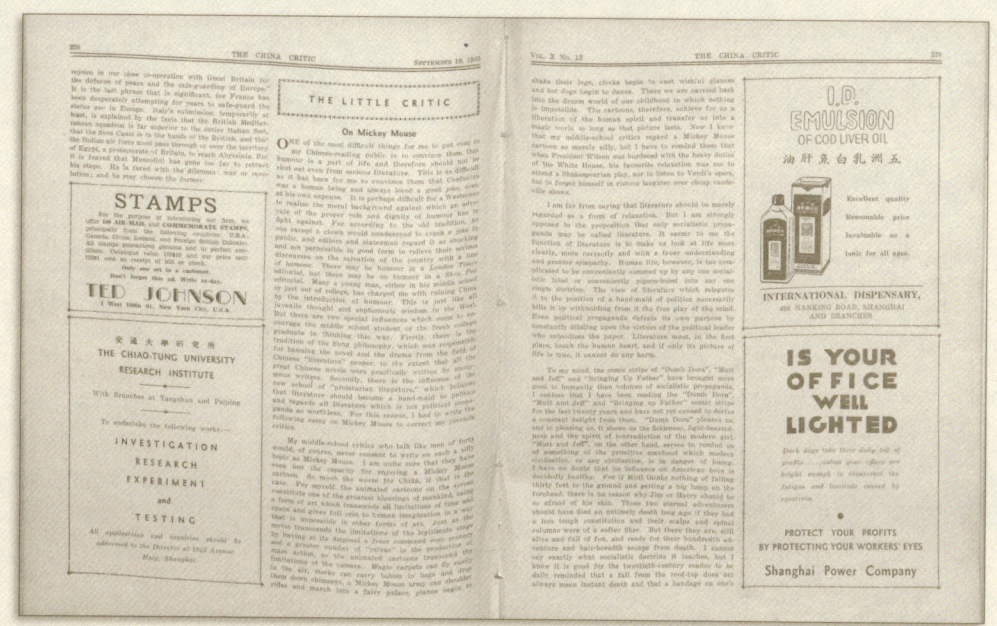

图 4-23 林语堂的《On Mickey Mouse》《the china critic》，1935年第 10 卷第 12 期 278—279 页

许捣乱，我想神仙世界也没什么意思了。况且孟子说过，欲求赤子之心，赤子就是会厮混，即使有时恶作剧，其心地还是光明正大的，没有怀恨宿怨，倒是终日不笑的大人来的阴险。其阴险就是因为大人已失了小孩的天真了，所以你要求赤子之心，还是得看米老鼠。

但是你中学刚毕业，要救国，要一手改造宇宙，也好。米老鼠也会帮你救国，帮你认识自己。你大概不至酸腐至于不承认斯弗特的《小人国》之有文学价值吧？在小人国，你可以看出我们人类之渺小无能，也可看出我们之妄自尊大。……假使有一故事中的"大人"来参视上海，左足跨虹口，右足跨法租界，轻轻把这洋楼一吹不就吹倒了吗？所以看《小人国》，可以叫人类免妄自尊大。但是你如果承认小人国有艺术价值，有感人之处，你也就不能不承认米老鼠有同样寓言之意义了。……

此外，林语堂认为这类活动讽刺画还有一个极大的长处，即它替我们开辟了另一绝对自由的领域，使人类的幻想超脱一切的物质上的限制而达到完全的解放。这在艺术上是有意义的。

> **小贴士** 林语堂（1895-1976），中国现代著名作家、学者、翻译家、语言学家，于 1940 年和 1950 年先后两度获得诺贝尔文学奖提名。曾创办《论语》《人世间》《宇宙风》等刊物，作品包括小说《京华烟云》《啼笑皆非》，散文和杂文文集《人生的盛宴》《生活的艺术》以及译著《东坡诗文选》《浮生六记》等。

第三，林语堂还认为连环画也同样有感人之力。"与其要教训别人，不如先明白自己。我看你现在米老鼠也不看了，你的心灵已经霉腐了，还是听孟子的话，保一点'赤子之心'要紧。我重复的说，假使你厌恶米老鼠是真的，不是摆道学臭架子，假使你确确已经失了看米老鼠的兴趣，请你先救自己，再救中国。"

林语堂先生主要讨论了卡通片的3个积极作用，通过传播娱乐文化，来向世人，尤其是青年人，揭示生命中的深刻道理，让他们少走弯路。比如，《小人国》可以叫人类免于妄自尊大，《鲁滨逊漂流记》教导人学会独立、不放弃便能绝处逢生的精神，《白雪公主》教会我们要善良、友爱……

## 张光宇的迪士尼肖像

抗战胜利以后出现的电影杂志，在新闻报道和娱乐性外，还强调文学性和可读性。因此出现了一批专刊电影故事的刊物，如《电影小说》《电影故事》《电影风》《西影小说》等，这些杂志将正在上映或即将上映的影片内容编写成故事刊载，文字通俗，在好莱坞影片大量涌入而票价又十分昂贵的当时，十分畅销。同时，鉴于一部分读者对明星崇拜钦慕，热衷于了解明星的一举一动，因此专门报道明星逸闻轶事的刊物，如《电影明星小史》《影星画传》等，也很畅销走俏。与此形成鲜明对比的是，学术性的影刊寥如晨星，而且大多寿命短暂。其中，《电影论坛》具有一定的代表性。它刊出的"金像奖特辑""卓别林特辑""国际电影泛论特辑""米老鼠特辑"(图4-24)等，具有很大的学术价值和资料价值[1]。

---

1 张伟. 电影与传媒——以近代上海电影杂志为例. 邢建榕. 近代城市发展与社会转型 上海档案史料研究. 上海：上海三联书店，2008：152.

第四章　迪士尼与民国上海都市生活

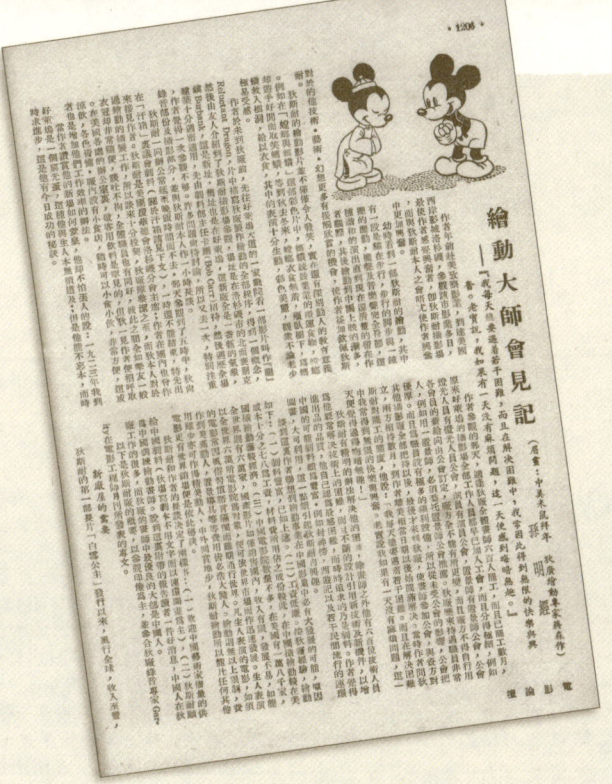

左图 4-24　《电影论坛》新年米老鼠特辑封面 1947 年第 1 卷第 2 期

右图 4-25　对华特·迪士尼的专访 《电影论坛》，1947 年第 1 卷第 2 期

随着迪士尼作品的成功，1948 年《电影论坛》推出新年特大号米老鼠特辑向迪士尼致敬，由于刊集当时众多电影艺术家、漫画家、美术家等大师创作于一身，这期杂志发行后广受关注，其内容至今仍旧让人津津乐道。

期刊封面画有米老鼠图案，背景为华特·迪士尼肖像，其装帧设计为中国著名漫画大师廖冰兄。该期刊用前 16 页篇幅讲述了美国华特·迪士尼公司以及旗下动画"米老鼠"在中国的广泛影响，有中国美术家、画家黄茅、王益论发表的《关于浅谈卡通艺术》和《综合艺术的新纪元》的文章，颇具史料价值。此外，期刊还有署名孙明经的作者对华特·迪士尼本人的专访《绘动大师会见记》(图4-25)。采访中，作者向正困扰于剧料不够的迪士尼介绍了中国的《西游记》《封神榜》以及若干民间流行的连环图画，迪士尼与作者畅谈并表示，欢迎中国艺术家尽量的供给中国剧料，愿为中国训练绘动画师。报道同时提到，中国人在迪士尼工场工作的很多，而工场画师中最优良的大部分是中国人。

**小贴士**　孙明经 (1911—1992)，1941 年任金陵大学理学院副教授、教授、影音部主任，主编我国最早的电影、广播、电视、摄影的综合性学术月刊《电影与播音》。建国后，任北京电影学院教授。

图4-26 迪士尼漫画肖像 《电影论坛》, 1947年第1卷第2期

特别值得一提的是,该期刊载有《大闹天宫》美术设计师张光宇为华特·迪士尼本人画的漫画肖像(图4-26)。大师眼中的大师,画家笔下的画家,不知道张光宇动笔的那一刻,除了惺惺相惜,创作出中国动画传世之作的心灵种子是否已经悄悄地埋下?

齐天大圣孙悟空是中国家喻户晓的神话人物,而作为中国动画的巅峰之作,《大闹天宫》更是近几十年来公众记忆中最深刻的动漫电影。这部由上海美术电影制片厂制作、万籁鸣导演的中国历史上第一部彩色动画长片于1961年在上海上映,立刻引起轰动,之后便被译为多种语言版本蜚声国际。片中的孙悟空及形象便出自这位张光宇之手。张光宇的作品被认为在民族艺术的基础上,吸取外国美术中的优秀成分,形成形式感极强,富有民族趣味的时代感风格。日本几个重要的大漫画家,如手冢治虫、宫崎骏等,都受到张光宇的影响。他是真正被西方的美术界所传颂的中国经典的美术形象创造者。有研究者甚至认为,中国的迪士尼就是张光宇。迪士尼比张光宇小1岁,迪士尼做过的事情很多是张光宇已经做了或者是同时期做的事情。20世纪30年代的时候,上海和美国、巴黎的差距很小,巴黎、纽约的报纸,过一两天中国就可以看得见。当上海开始动画事业的时候,很多都是在学习迪士尼,但是因为张光宇的存在,我们拥有可以和西方交流的东西,张光宇的价值丝毫不输迪士尼的艺术家。

**小贴士** 张光宇(1900—1965),中央工艺美术学院教授、现代中国装饰艺术的奠基者之一。早年在南洋兄弟烟草公司广告部画月份牌年画。后与他人创办东方美术印刷公司、时代图书公司,编辑出版《上海漫画》《时代漫画》《独立漫画》等杂志。1949年后任中央工艺美术学院教授、中国美术家协会理事。

## 万籁鸣、万古蟾述:谈谈电影卡通漫画

民国文化界对迪士尼卡通影片的评论很多,他们都用善于剖析和犀利的眼光,将迪士尼卡通在中国的影响和发展进行着别样的解读,不仅

如此，整个卡通的未来发展也引起了人们更多的思考。1935 年第 13 期的《漫画生活》中，万苹鸣、万古蟾曾这样描述漫画的意义。

> 在现在生活环境下，人人都感觉到苦闷。因苦闷而不满意现实，个个想逃避现实，另找新的生活，可是每个人都不能找到新的生活，因这缘故所以退而求其次，只求在苦闷的精神上，得到一点新的安慰。漫画是给苦闷生活中底人们的安慰，漫画中所表现的人物奇怪的面孔，矮短的身材，或是长长的个儿，它们都是象征着现代生活的苦闷，漫画上所表现许多人物奇特的生活，都带有讽刺的性格，所以一举一动能给人们许多现实的笑料，但是，我们回过头来仔细一想这许多笑料都含有"苦"味和"酸"味，针针都刺着我们弱小的心灵，漫画上的人物知道我们怀疑，甚至怕这现实，所以它的动作是替人们表现理想的社会从讽刺性中表现得更理想化。

而对于漫画和活动卡通漫画的区别和优劣，文章认为这是各有千秋。

> 虽然一个是不动的，一个是动的，但它的表现能力都是一样的伟大，它们各个的用处是不一样的，在书报上是漫画的地盘，在电影映画上则是活动漫画的领域。而针对活动卡通漫画，作者也有独到的观点：在正面观察完全是喜剧，并带有幽默性引得观众发噱，观众马上就会感到无限的回味，这回味中是含有对于现实生活很严重的讽刺。

## 鲁迅日记里的米老鼠

1927年10月鲁迅携家眷迁入上海虹口居住，他在这里度过了一生中的最后10年。这10年，是鲁迅写作最繁忙、社会活动也是最频繁的时期。他忙里偷闲，最大的享受就是看电影了。有研究者根据《鲁迅日记》和查阅其他相关资料统计，鲁迅在上海共看影片达到140多部[1]。有意思的是，鲁迅还经常去观看儿童五彩卡通电影，如1935年4月2日"携海婴往上海大戏院观《金银岛》"，1935年6月29日鲁迅"下午邀蕴如及阿玉、阿菩并广平携海婴往光陆大戏院观米老鼠影片凡十种"。据许广平回忆，鲁迅看儿童片也很高兴，说他"是随时都保存着天真的童心的"。

迪士尼与民国上海都市生活的变迁，无不体现着被称为"魔都"的老上海的海纳百川，从被冲击到的娱乐界开始，伴随着洋娱乐的流入，迪士尼卡通片便如雨后春笋般在中国的大地上生根发芽，并衍生出很多具有中国特色的迪士尼文化作品。而广大市民在这种都市文化环境中，亦充当并鉴别着迪士尼卡通的优劣，参与并享受着卡通为生活带来的欢愉和快乐。当迪士尼被纳入民国上海的文化界，众多文人对卡通的社会作用进行了评判，认为它在当时的中国，利还是大于弊的，基本对迪士尼及其卡通持肯定态度。这也同样促进了卡通在中国的传播及创作，客观上推动了中国本土卡通事业的发展和进步。

总之，迪士尼在民国上海的流入，为当时的都市生活增添了浓墨重彩的一笔。迪士尼乐园落户魔都上海，是对经典卡通形象的再现与尊重，它也必将在不久的未来，以其独特的魅力，大放光芒，持续精彩。

---

1　万敬东. 影迷鲁迅：将看电影作为最大享受. 东方早报，2011年9月23日.

第五章

## 迪士尼卡通知识在民国上海的传播

进入 20 世纪以后，电影逐渐成为美国城市居民喜闻乐见的一种娱乐形式。为了适应观众的需求，电影制作技术也在不断发展进步。1923 – 1936 年是美国动画电影的萌芽时期，同时也是迪士尼动画的萌芽时期，这一阶段的动画技术本身对动画创作起着至关重要的作用。

二十世纪二三十年代，迪士尼卡通片开始陆续登陆中国各大城市，逐渐为中国观众所接受和喜爱。中国观众在观看趣味横生的迪士尼卡通片的同时，也有感于其制作的精良和技术的高超，这是中国观众以前闻所未闻的新奇。当时上海的《申报》《良友》《大美周报》《知识画报》《电声》《好莱坞》等报纸杂志纷纷撰文介绍迪士尼卡通片的配音、制作、巡礼和展览等情况。

1938 年，迪士尼长片动画电影《白雪公主与七个小矮人》登陆上海，立即引起巨大轰动。上海观众看得目瞪口呆、百看不厌，在当时创造了空前的票房价值。这使得当时上海乃至全中国的商家和出版商看到商机，深受启发。而后，以迪士尼卡通人物形象推介的广告很快开始出现，瞬间铺天盖地。同时，以迪士尼卡通人为主角、结合中国元素创作的漫画作品也层出不穷。上海各大电影公司的老板们也开始对迪士尼卡通长片的票房眼红，开始意识到动画长片是具有巨大商业价值的摇钱树。于是在这种刺激下，中国动画人也开始尝试制作卡通长片，直接催生了中国动画长片的萌芽。

# 一、迪士尼动画的配音

1927年，第一部有声电影《爵士歌王》在美国纽约上映，引起了巨大轰动，标志着有声电影的诞生。从此，电影行业的性质和电影制作技术发生了翻天覆地的变化，好莱坞的电影制片人纷纷拼命给自己的最新作品配上音乐、音响和对白，以适应这一变化，追赶时代潮流。

## 从无声动画到有声动画

恰巧当时华特·迪士尼应华纳兄弟的邀请参加了《爵士歌王》的首映式，他敏锐地感觉到了声音对于动画片的重要性，认为这是电影自发明以来的一次革命。于是，他搁置了无声影片的制作，设法为已拍好的影片配音，他本人则除了构思作品的笑料外，还致力于动画片声音方面的工作。

1928年，华特·迪士尼中止了正在制作的《蒸汽船威利号》(Steamboat Willie)的摄制，想方设法为已经拍好的部分配音。他相信如果观众能在观看到影像的同时听到影像中人物的声音，那么片中的人物就更能渗透和传递出角色特征和魅力，也就是说更能吸引观众。我们从今天看来，米老鼠等迪士尼动画形象能够风靡全球的一个重要原因就是声音的魅力。

《蒸汽船威利号》构思录音的过程极其有趣。华特·迪士尼找来厂里一名会吹口琴和懂乐谱的年轻人，叫做韦尔福瑞德·杰克逊（Welfred Jackson）。他们找到一个节拍器和各种模仿声音的器具，杰克逊吹奏口琴，迪士尼负责旁白和对话，同时放映影片，就这样他们开始了尝试。经过多次尝试、调整和去除噪声等工作，终于产生了惊人的效果，最终使声音和影片镜头放映的节奏一致。

后来,华特·迪士尼与帕特·鲍尔斯(Pat Powers)一起合作,使用"影声系统"(Cinephone System)一起为《蒸汽船威利号》录音。他们甚至配合使用了当时著名的作曲家卡尔·史特林(Carl Stalling)最新的管弦乐曲子进行配乐,这首曲子是结合轻歌舞剧《威利号汽船》的曲调和人们熟知的民谣《稻草上的火鸡》的旋律谱成的,与影片角色的动作十分契合。另外,他们还增加了各种不同的声音效果,最后再由华特·迪士尼本人亲自为米老鼠配音。在此后的7年中,他一直坚持亲自为米老鼠配音。

## 民国报刊关注迪士尼动画配音技术

当时《大美周报》《知识画报》《明星》等报刊杂志在赞扬迪士尼动画大受欢迎的同时,也专门撰文或者翻译详细介绍了迪士尼动画的配音工作。

配音在卡通片中起着非常重要的作用,完美的配音会使卡通片增色不少。华特·迪士尼曾经做过很多次试验,证明即使画面相同,卡通片里的声音不同,观众的反应也就不同。故事是声音讲出来的,这正印证了《知识画报》1937年第5期《米老鼠卡通片的配音》所说的,"音乐与音响在卡通片中的地位非常重要。它解释着故事的本身。使故事通过了声音的作用而紧紧地抓住观众的情绪"。该文还详细介绍了米老鼠卡通片配音的一些细节:

> 例如鸭子当纳滑到的声响,若只以敲鼓来表示是不够的,一定要用一种比较有特性的声响,然后才可以告诉观众这一交跌得

图 5-1 介绍迪士尼配音技巧的报道
《知识画报》，1937 年第 5 期 26—27 页

重不重。跌的声音，在卡通片中采用的一共十多种，每种的施用视故事的性质而定。如主角米老鼠跌倒，观众总有点儿同情他的，故跌倒的声音就用那种有点儿空洞的，粗率而不和合调儿的；但如这一交跌的有趣，那就用撕物的声音来代替。有趣的场面所用的音响，以引人发笑为目的，所以多半是不调和的音调和讥刺的声音。在《龟兔竞走》一片里，急走着的兔子滑倒时，用的是撕破领带的声音。

民国报刊介绍道，迪士尼卡通片的配音还有很多技巧和门道值得深究。例如华特·迪士尼长期雇佣着一些男男女女，专门仿效各种声音，唐老鸭的会话和唱歌全是人口配的，以音响辅之节奏。卡通片上的接吻都是人用嘴吻自己的手做成的，米老鼠和爱人拥抱发出的声音就是用嘴吻手腕而来的。为了制造出各种声音配合影像，迪士尼工厂运用了很多的科学设备和各种各样的物件：

有一种火焰的声音是用低音梵哑铃的瑟瑟声制作出来的；猛烈的焰火声则是以一束竹叶摩擦作响；火车开过的声音是摇动一个里面放着几粒石子的锡罐得来的；雷的声音有多种做法，最普通的是用金属片的振动音代替；雨声的做法很巧妙，它们用一个鼓，里面装设许多钢琴用的钢线，当玻璃碎跌落钢线处时，卡通片上就下雨了；用木塞在瓶口上摩擦出各种声音来代表松鼠的谈话，我们还能猜想着松鼠谈话时兴奋的程度等。

为了保证配音的效果，播声处的构造要非常精密：地板上面涂一层石膏，地毯要铺得很厚，以防在收音时给什么东西跌落的声音所阻。声音的大小各有特别的机制以施调节。华特·迪士尼因为知道声音的效用，想出了许多方法以发出最合适的声音。（图5-1）

**小贴士** 在当时，迪士尼动画开拓国际市场，与其他敌手竞争，也为了要使各国观众明了剧情，所以都是加上各国语言说明的，诸如法文、英文、意文、葡文、波兰文、捷克文、阿拉伯文、日文等。例如，《白雪公主与七个小矮人》在当时就被翻译成10国语言在46个国家发行。

## 迪士尼动画的配乐

提到迪士尼动画的配音，配乐是其中不可或缺的重要部分。迪士尼动画的配乐不仅为卡通片增加了趣味，更为迪士尼公司赢得了不少声誉。《白雪公主与七个小矮人》的原声带是世界上第一张电影原声带；《三只小猪》的主题曲《谁怕大灰狼》在美国经济萧条时期像国歌一样传唱开来，鼓舞人心；《木偶奇遇记》中小蟋蟀演唱的 When You Wish Upon a Star 成为迪士尼电影开头的主旋律，并且获得了第 13 届奥斯卡最佳电影歌曲奖；《幻想曲》是迪士尼动画与音乐结合的经典之作，获得了第 14 届奥斯卡最佳音乐表现奖、最佳杰出贡献特别奖。华特·迪士尼一直坚信可以将动画由通俗文化提升到艺术的高度，达到雅俗共赏的目的，而音乐就是连接阳春白雪和下里巴人极好的方式。

上海媒体曾经介绍，乐队在迪士尼电影配音方面是不可少的，它操纵故事的演出和观众的情感。乐队要特别注意把握观众的心理，巧妙地把感情随着曲子演奏出来。遇着需要用节奏来表示出一件突然事件的发生，起初节奏应该很慢，直到事件发生的刹那才突然急促起来。例如蚁队出发打仗，神情异常庄重颜色，那么就该用四四拍。八六拍多用在喜剧的演进中，平常做背景用的拍子则是二二拍，这样到有突然事件发生时才转用比较急促的。当画面有美丽的景致需要特别叫观众留心时，四三拍狐步曲是最好的选择，这个拍子是常用来点缀美好事物的。

在当时的上海滩，很多文人雅士在观赏完迪士尼卡通片后，不仅会对故事情节和精美画面留下深刻印象，还常常对其中的配乐品评一番。《申报》1946 年 12 月 29 日第 10 版马博良的《新片漫谈》一文，就详细评价了迪士尼卡通片中的音乐：

贝多芬，许勃，巴赫，却依考夫斯基等的梦的领域，在这里无限制地升华了。我们贬责过《幻游南海》和《小飞象》，更有人非议《骑士降龙记》，只有第一张长篇卡通《白雪公主》至今享受盛誉，于是华尔狄斯耐的能力渐被忽视，如今看了《幻想曲》，我们才坚决相信华尔狄斯耐艺术的才华，《幻想曲》是他才力表现的最高峰，固然可说空前，也许亦是绝后了，因此那些后期作品如《幻游南海》和《小飞象》等无不相顾失色。

我认为《一曲难忘》失败的一点是肖邦乐曲的缺乏演释，这一层素来非常困难，音乐家超空闲的漫想和音波节律上的情绪性，自非摄影机所能表现，它们都是飘渺无可捉摸的，欲将这些具体化，总是令人失望，就像小牧正英也无法表达杜比西在《牧神的午后》里的象征主义一般。《一曲难忘》的另一缺点是不够伟大，气魄距离音乐领域之广太远。这两点，我们感谢华尔狄斯耐的灵感，《幻想曲》对于乐曲的释义和扩张情绪两点，表现细致无遗，我想即使贝多芬许勃自己来看，必将感到惊奇，华尔狄斯耐对于他们乐曲幻想成份的发掘，颇多创造，不但表现了许多非笔墨可以形容的美丽，而且描绘了想像以外的超现实。《幻想曲》足称二十世纪不朽的光荣。

《幻想曲》是六支乐曲组成的组曲，在表现上俱觉淋漓痛快，如以个人爱好来说，我欢喜贝多芬的《田园交响乐》，却依考夫斯基的《胡桃夹》，《白尔山顶的夜》和《祭春乐》。露永神，香菌舞，群花舞，小仙童和鬼魂乱飞，是为美中之美。第一支描划巴赫对群体的狂想，完全抽象，用光波节律性地表现音波，神奇无比。史笃柯斯基是当今一大指挥,他的手确可呼风唤雨。与我同行看《幻想曲》是一种幸福,看《与我同行》是一种欢慰。《与我同行》是人世相的一页水墨画。水墨画没有彩色缤纷,自有其清丽,平静的特点,淡淡数笔,一切哲学都说尽了。

# 二、迪士尼动画制作

一部优秀卡通片的成功绝不是偶然,它的制作需要依赖日新月异的技术和完备精细的分工合作,尤其是在动画电影行业发展的初期。当时的迪士尼动画制片厂已经建立起了一套卓有成效的分工精细、协同合作的创作方法和制度。

迪士尼卡通片的制作一方面注重艺术性,另一方面也希望迎合大众品味。迪士尼作品引人入胜的地方在于其趣味多元的选题、周密详尽的前期准备和严谨认真的制作过程。

**小贴士** 布鲁斯特着色术,即利用红、黄、青三原色混合出其他颜色的着色方法。与牛顿同时代的英国科学家布鲁斯特发现红、黄、青是颜料三原色,利用红、黄、青三种颜色,可以混合出橙、绿、蓝、紫4种颜色,还可以混合出其他更多的颜色。

## 从黑白片到彩色片

自1919年起就有人尝试用"布鲁斯特着色术"制作彩色动画片,但由于成本太高并没有被制片商采纳和推广。直到1932年,色彩技术人员把三原色结合在一起涂在3条负片上,才使得彩色电影得以进一步发展。同时,这种技术也适用于动画片。

迪士尼1932年出品的《花与树》(Flowers and Trees)是迪士尼出

品的第一部彩色动画短片,也是迪士尼第一部获得奥斯卡最佳短片奖的影片,意义重大。

影片主要讲述了:

> 森林中两棵树相爱了,一个老树桩出于嫉妒,其通用烧毁森林的方法来阻止他们。然而,最后却使自己化为灰烬。
> 故事开始描绘了春天来临,森林里的动物、花草和昆虫都沉浸在喜悦中。花朵们随着门德尔松和舒伯特的乐曲翩翩起舞,森林里一片恬静、单纯。女主人公是一棵端庄秀美的棕色小树苗,有着淡绿色的头发;男主人公是一棵挺拔俊秀的浅棕色的树,有着浓密的深棕色头发。片中的恶棍则是一棵长着绿色舌头、颜色肮脏的矮树桩。

《花与树》在制作之初仍旧像迪士尼之前的作品一样是黑白片,但是华特·迪士尼不顾其他人的反对,毅然命令刮掉全部黑白底片,重新采用彩色摄制。

虽然最终《花与树》取得了良好的票房和绝佳的口碑,但是迪士尼制片厂却没能从中盈利,因为采用彩色拍摄的方法大大增加了研究成本和生产成本。但是,今天我们看来,如果没有当时勇于尝试彩色动画的决心和钻研,就难以推动迪士尼动画技术的创新和发展,也就难以造就今天庞大而独特的迪士尼王国。

## 从短片到长片

随着米老鼠和唐老鸭等迪士尼动画形象家喻户晓,彩色动画摄制的尝试取得成功,华特·迪士尼的成就不仅得到了政府和业界的肯定,更重要的是受到了市场的欢迎。然而,他本人并没有满足。动画短片只有短短十几分钟,一直以来不过是电影开演前的娱乐节目罢了,他始终坚信迪士尼制片厂的能力不仅仅局限于拍摄几分钟的玩闹打趣短片,他有了一个更大的梦想——拍摄一部长篇动画片!

1934年,华特·迪士尼到欧洲旅行。他看到巴黎一家影院专门放映迪士尼的动画,不同的是这家影院不是每次放一部卡通短片,而是一次放6部。他从中深受启示,下定决心制作一部动画长片。最终,他选中了著名的格林童话《白雪公主和七个小矮人》,并于1935年初完成了故事梗概和制片计划。1936年,他集中厂里所有杰出人才进行拍摄。

由于在当时的美国动画创作中,一直都没有动画长片问世,长片的放映大约需要一个半小时,因而所有人都认为他是在冒险,许多电影圈内的影评人对制作动画长片嗤之以鼻,甚至他的哥哥罗伊·迪士尼也坚决反对。但是,华特·迪士尼下定决心做的事情谁也改变不了。在这部片子的拍摄过程中,他始终坚持亲力亲为,亲自监督和指导每一个阶段的工作,同时还注意征集大家的意见。

1937年12月,《白雪公主和七个小矮人》作为迪士尼出品的第一部动画长片问世。没想到影片一上映就空前成功,在好莱坞卡塞剧院首演时,获得了包括卓别林在内的所有观众的起立鼓掌。而且影片中的歌曲也朗朗上口,时人竞相传唱。此后该片在全世界范围内放映,这部成本不到150万美元的动画片盈利比预期高出了10倍。

这次华特·迪士尼在所有人的质疑声中做出的充满冒险精神的战略抉择，使迪士尼制片厂真正崛起，成为国际知名的动画中心。

## 民国报刊好奇《木偶奇遇记》的制作

在《白雪公主与七个小矮人》风靡上海，引起巨大观影热潮后，《木偶奇遇记》作为第二部迪士尼动画长片登陆中国影院。《大美周报》《电声》等当时权威的影视杂志和期刊也有专门介绍《木偶奇遇记》和其他迪士尼动画制作过程的文章。

例如，《大美周报》1940年第48期一口气刊载5篇文章聚焦《木偶奇遇记》的拍摄。《"木偶奇遇记的"制作过程：：费时两年绘画四十五万幅，全部工作人员一千二百人》给予详细介绍，《"木偶奇遇记"的制作艺术：制作者费了不少心机，许多是卡通片的创例》则进行了解读与分析。选摘文章部分内容如下：

> 看过《白雪公主》的人，对于光影，宝石的光彩，雾，水，烟尘的制作得件件逼真，没有不觉得奇怪的。这便是《木偶奇遇记》"逼真效果部"的成绩。
> 
> 迪士尼制作《白雪公主》的时候，做过不少实验，费过不少心机，务使制作得逼真，但是制作《木偶奇遇记》的工程还要加上一倍。
> 
> 像是火柴的光映着面部这一场面是卡通片上的创例。还有水底的景象正像巧妙的海洋五彩摄影。又像仙人从耀眼的光圈中走下来，庞大的鲸鱼在水中游泳，肌肉收缩着，这一些都是该片制

作者在"效果"上的成就。

关于《木偶奇遇记》如何会制作得这样完美，观众们不敢讨论。因为该片的制作有一种特色，是模仿不来的。

像摄影巨物鲸鱼，画家和摄影师都会费了不少心机，应用普通的颜色不能是鲸鱼完全逼真，非但不能引起观众的兴趣，而且也不能使观众对于鲸鱼的重量有一个概念。画家和摄影家做各种试验，怎样可使鲸鱼的重量透视出来。后来该片的志愿者们想出了一种办法，先用铅笔在普通的现真纸上描绘出来，然后再印在特种彩色纸上，用费比来分别明暗，经过描线，着色，摄影的过程，才使鲸鱼画面的明暗和透视完全显示，摄影的时候用的是一种特别的感光胶片。

《木偶奇遇记》的画室里有许多鲸鱼的模型，这于画家和摄影师都有很大的帮助。这里有一个五尺长的鲸鱼骨骼标本，可以自由转动。此外又有一个鲸鱼肺部的标本，可以灌气，使像呼吸。又有土制的鲸鱼模型，涂上彩色，使画家可以观察明暗和光的变化。

摄影师为了要使鲸鱼在画面上单独出现的时候，也要显出庞大，只能尽量注意明暗。他们为了使观众对于鲸鱼有庞大的印象，在可能范围以内，尽量多使鲸鱼占据画面的地位。

**小贴士** 迪士尼趣闻——《白雪公主与七个小矮人》大获成功，名利双收，盈利可观。然而此时冒出多人控告迪士尼，有些人称是原作者的无名后裔，有些人称片中的白雪公主是比照自己画的，还有一些是配乐、配音等问题，各种控告多达103件，迪士尼为此头疼不已。为什么会出现这种情况呢？大概是人红是非多，很多人看到片子的巨大赢利，也希望分一杯羹吧。

图 5-2 迪士尼动画制作报道
《电声》1938 年第 7 卷第 11 期 212—213 页
《好莱坞》1939 年第 54 期 21 页

## 三、迪士尼工厂探秘

民国时，随着迪士尼动画在中国的热映，观众们除了喜爱各种可爱的迪士尼明星外，也越发想了解迪士尼工厂的情形。当时，不少杂志纷纷撰文介绍了迪士尼动画制片厂动画制作经验，例如《卡通片制作时的一点秘密：米老鼠走路一步要用去十六张画》《华尔脱狄斯尼五彩卡通长片，"雪姐儿和七个矮子"的制作经验，历时三载半，耗资达一百五十万金元》《华德狄斯耐的卡通片制作方法，揭穿了一切内幕秘密》(《电声》1938 年第 7 卷第 48 期 966 页)、《华德狄斯耐，卡通摄影场的秘密》(《电影》1939 年第 19 期 636 页) 等 (图 5-2)。

## 迪士尼动画片场巡礼

1939年年初，华特和罗伊决定斥资460万美元在伯班克（Burbank）建造一座20层的制片大楼，希望公司在新的地点有新的开始，进入新的发展阶段。

《电声》1937年的《华尔脱·狄斯奈的卡通制片场巡礼》一文（图5-3），详尽介绍了迪士尼动画工厂当时的情形：

> 走进华尔脱·狄斯奈（Walt Disney）的制片厂，好像走到了圣诞老人在北极的玩具工厂一样，除了在那里并没有冰，是的，这可以说是一个最有趣的摄影厂。
>
> 说是一个摄影厂，可是倒像是一个学校的校舍一样，也许因为在这卡通的制片厂里，没有演员这一类的问题吧，说到演员，只有那些卡通片中的模样儿，是用Celluloid制成的如雪公主那样的人文，在试拍的时候，谨慎地悬挂在开末拉前面。在狄斯奈的制片厂里，雇员数目，现在是三百，去年这时候，人数还不及现在的一半呢，在这里工作的人，不会像别的摄影厂那样，突然会暂停工作，把全体人员解散这种事，因为替狄斯奈工作，最稳当可靠，所以许多人都能有机会在他的摄影场找到一个位置。
>
> 狄斯奈因为时时刻刻要发现新的人材，去帮助改良和发展他的出品，在制片厂的对过，特设了一所技术学校，这所学校现在是一天天地发达起来，在这学校里，基本的教程是美术，另外有一班叫做"生活科"，专是帮助学员们研究怎样用一些简单的线条，很有效地表现出生物的动作。

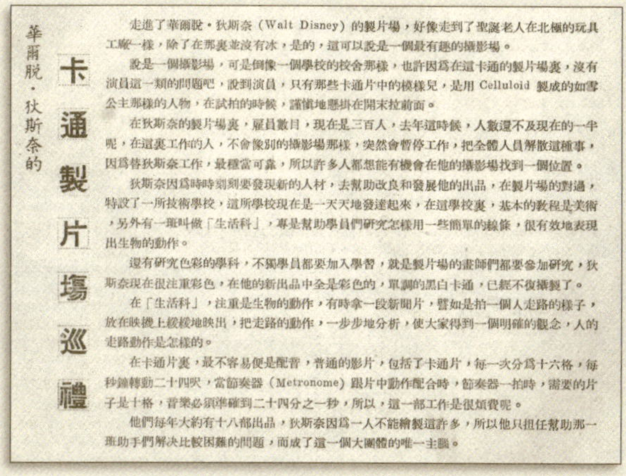

華爾脫·狄斯奈的

卡通製片場巡禮

走進了華爾脫·狄斯奈（Walt Disney）的製片場，好像走到了聖誕老人在北極的玩具工廠一樣，除了在那裏並沒有冰，是的，這可以說是一個最有趣的攝影場。

說是一個攝影場，可是倒像一個學校的校舍那樣，也許因爲在這卡通的製片場裏，沒有演員這一類的問題吧，說到演員，只有那些卡通片中的模樣兒，是用 Celluloid 製成的如雪公主那樣的人物，在試拍的時候，謹慎地懸掛在開末拉前面。

在狄斯奈的製片場裏，雇員數目，現在是三百人，去年這時候，人數還不及現在的一半呢，在這裏工作的人，不會像別的攝影場那樣，突然會暫停工作，把全體人員解散這種事，因爲替狄斯奈工作，最穩當可靠，所以許多人都想能有機會在他的攝影場找到一個位置。

狄斯奈因爲時時刻刻要發現新的人材，去幫助改良和發展他的出品，在製片場的對過，特設了一所技術學校，這所學校現在是一天天地發達起來，在這學校裏，基本的教程是美術，另外有一班叫做「生活科」，專是幫助學員們研究怎樣用一些簡單的線條，很有效地表現出生物的動作。

還有研究色彩的學科，不獨學員都要加入學習，就是製片場的畫師們都要參加研究，狄斯奈現在很注重彩色，在他的新出品中全是彩色的，單調的黑白卡通，已經不復攝製了。

在「生活科」，注重是生物的動作，有時拿一段新聞片，譬如是拍一個人走路的樣子，放在映機上緩緩地映出，把走路的動作，一步步地分析，使大家得到一個明確的觀念，人的走路動作是怎樣的。

在卡通片裏，最不容易便是配音，普通的影片，包括了卡通片，每一次分爲十六格，每秒鐘轉動二十四呎，當節奏器（Metronome）跟片中動作配合時，節奏器一拍時，需要的片子是十格，音樂必須準確到二十四分之一秒，所以，這一部工作是很煩費呢。

他們每年大約有十八部出品，狄斯奈因爲一人不能繪製這許多，所以他只担任幫助那一班助手們解決比較困難的問題，而成了這一個大團體的唯一主腦。

華德狄斯耐

卡通攝影場的秘密

在卡通鼻祖——狄斯耐的攝影場裏，有七百三十五個人天天在創造偉大作品，當一個脚本一定當，便有數千張草圖分配給這許多藝術家，他們畫好了的畫都粘上一張透明的賽璐珞紙，然後一張一張地攝入鏡頭。在製片的過程中有許多『門檻』，其中一部份一直不爲外人所知，現在我來把牠們洩漏出來。

脚本大致完成了以後，第一樁事情是配音。音樂所需要的時間決定鏡頭的長短與動作的旋律。動作與音樂配合起來的方法只是硬湊一個笨法子，不對再來過，不對再來過，所以每一個鏡頭常常要費好幾個星期來完成。種種的聲音也是在事前配好的。

脚本決定了就先畫一百六十四張彩色蠟筆畫，作爲主要鏡頭的線索，這一套畫圖正像兒童看的彩色連環圖畫。一百六十四張依次貼在牆上，根據了這一串線索，穿插也就容易。配音與對話收好了以後，一百六十四張圖畫當中每一張都要拍攝相當時候，要恰好與以這一張爲線索的一個鏡頭裏邊的配音所須要的時間相符合。用這樣一個方法，片子的雛型便得到了。

要把這一百六十四張線索使死片成爲活片，這一位藝畫家用鉛筆畫一套速寫畫，得了整個鏡頭的大概輪廓，再依了音樂與對話的旋律補足了細小的動作，片子裏動物的動作儘可隨心所欲地畫，但狄斯耐的片子裏也有人。那便非要自然逼真不可了。

至於要達到自然逼真一個目的，狄斯耐是有方法的，每逢片子裏有一個人，狄斯耐就僱用一個演員把這一個鏡頭在一個小型攝影場裏表演出來。表攝的動作要誇大過火像舊式的影戲一樣。就把這表演成的片子，再在畫師的桌上一塊白玻璃上放映出來。他就以這一個活模特兒做根據，畫出卡通來。

左图 5–3　介绍迪士尼制片场的报道
《电声》，1937 年第 6 卷第 12 期

右图 5–4　介绍迪士尼摄影的文章
《电影》，1939 年第 19 期 第 636 页

还有研究色彩的学科，不独学员都要加入学习，就是制片厂的画师们都要参加研究。狄斯奈现在很注重色彩，在他的新出品中全是彩色的，单调的黑白卡通，已经不复摄制了。

在“生活科”，注重是生物的动作，有时拿一段新闻片，譬如是拍一个人走路的样子，放在映机上缓缓地映出，把走路的动作，一步步地分析，使大家得到一个明确的观念，人的走路动作是这样的。

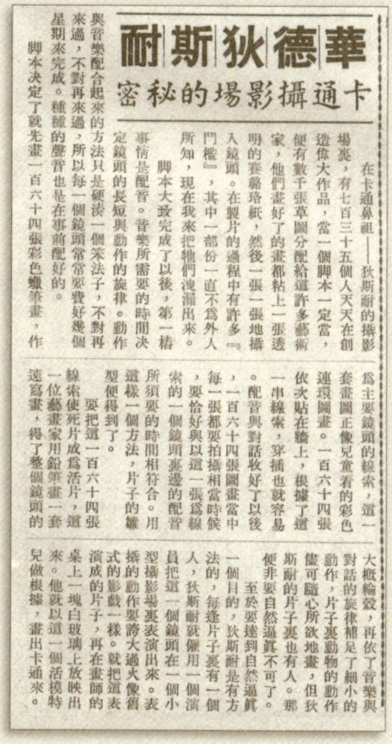

在卡通片里，最不容易的便是配音，普通的影片，包括卡通片，每一次分为十六格，每秒钟转动二十四尺，当节奏器跟片中动作配合时，节奏器一拍时，需要的片子是十格，音乐必须准确到二十四分之一秒，所以，这一部工作是很烦费呢。

他们每年大约有十八部出品，狄斯奈因为一人不能绘制这许多，所以他只担任帮助那一班助手们解决比较困难的问题，而成了这一个大团体的唯一主脑。

1939 年的《电影》周刊（图 5–4）曾这样描写道，在迪士尼的摄影场里有 735 个人天天在创造伟大的作品，当一个脚本确定便有数千张草图分

配给这些艺术家。他们画好了以后,这些画被粘在赛璐珞纸上,一张一张地摄入镜头。脚本完成后,第一件事情是配音。音乐所需的时间决定镜头的长短与动作的旋律,每个镜头常常要费几个星期来完成。种种声音需要事前配好。脚本确定后就要先画 164 张彩色蜡笔画作为主要镜头的线索。164 张画依次贴在墙上,根据了这一串线索,穿插也就容易许多。配音与对话收好了以后,164 张画中的每一张都要拍摄相应时长,使这一镜头的时长与配音相符。这样,片子的雏形就形成了。要把以 164 张画为线索的死片做成活片,需要艺术家用铅笔画一套速写图,完成整个镜头的轮廓。再一次配上对话、音乐和旋律,补充细节动作,追求自然逼真。为了人物形象的自然逼真,华特·迪士尼有一个独特的方法:华特雇佣一个演员把相应镜头在一个小型摄影场里表演出来。他们的表演需要越夸张越好,像旧时的皮影戏一样。再将这个表演的片子放给画师看,画师们根据这个活模特画出卡通图片来。

**小贴士** 赛璐珞纸——赛璐珞是于 1865 年问世的首批人造塑料,赛璐珞纸是一种早期电影制作过程中使用的透明塑料胶片。

## 迪士尼的工作室

当时的迪士尼工厂每年大约出品 18 部作品,这么多作品,单凭华特·迪士尼一个人是根本不可能绘制完成的,所以他一般只是帮助他的助理和其他艺术家完成比较困难的问题,成为迪士尼工厂这个大团体的唯一"主脑"。

在民国报刊的描述中,华特·迪士尼在制片厂的工作间是"一所摩登工作房间",建筑很考究,像一间夜总会似的。房间有四丈长,两丈宽,北面和东面的墙壁完全使用玻璃,其他两面铺了木板。房间铺了厚厚的地毯,一切都是不透声的,甚至连电灯开关都是毫无声息的。房间一角是一张大桌子,对面是嵌入墙中的沙发和矮桌子,上面摆满了画。房间里还有摩登的椅子和摩登的钢琴。与这个房间连接的是一个私人餐室,按动墙上的开关一面墙壁就会缓缓滑开,出现一座摩登的厨房。厨房旁边又有一个寝室,是供华特·迪士尼工作晚了可以在那里睡几个小时的。

《联声》杂志(1941年第3期7—8)的报道《华德狄斯耐:米老鼠的爸爸》曾经这样介绍,华特·迪士尼的工作室也是"价值二百万美金,占地数十万方里的宝石了"。

> 他的工作室就像医院一样的清洁,又像科学家的实验室一样的忙碌。在五年前,与狄斯耐一起工作的人员只有二百个,然而到今天,薪金的支出告诉了我们,他的同工已经增到了一千一百个。在三年前,要从狄斯耐的工作室里产生一部较长的作品是不可能的。然而到今天,狄斯耐的工作室可以产生三部长的,二十六部短的影片。每年所费的软片也增到了一千九百英里。

## 四、迪士尼卡通片对中国动画电影的影响

20世纪20年代中国动画界的前辈们已经开始制作动画短片,30年代中国动画进入有声年代,然而中国长片动画的萌芽却是在迪士尼动画《白雪公主与七个小矮人》的刺激下直接催生的。迪士尼动画在造型和艺术风格等多方便都对中国动画电影产生了重要影响。

## 早期中国动画

1920年前后，美国电影动画随着故事片传入我国，最早来到我国的动画无声片有《大力水手》《从墨水瓶里跳出来》《勃比小姐》等。同时，在上海的一些娱乐场所还设有一种称为"活动西洋镜"的原始动画片向观众展示。虽然国外动画片最早传入中国的确切时间和片名还有待考证，但毫无疑问正是这些动画舶来品在中国的放映，激发出中国动画电影始创者们的兴趣，从而开始了艰难的探索历程。

我国已故著名社会学家费孝通先生在《费孝通暮年自述》中曾回忆说，他"有一个杨左匋舅舅也留学美国，后来在好莱坞画动画片，参与有名的动画片《白雪公主和七个小矮人》的创作"。杨左匋回国后，曾在英美烟草公司"影片部"工作过。据考证，英美烟草公司影片部当时附设了滑稽影片画部，杨左匋任主要负责人，他专门绘制长片滑稽画，并兼修各种美术字画等。许多人认为，正是这位杨左匋先生把美国动画技术的"种子"带回了上海，并在沪上开枝散叶。因此，有人将其称作"中国第一位动画专家"。19世纪20年代的《申报》曾陆续报道了我国最早一批从事"活动墨水画"的人士，如杨左匋、黄文农、秦立凡、梅雪俦、万氏兄弟等前辈，他们先后制作了《大闹天宫》(1923)、《武松打虎》(1923)、《过年》(1923-1924)、《狗请客》(1924)、《球人》(1926-1927)、《大闹画室》(1926)等不少动画短片。在当时中国动画领域后来居上的万氏兄弟在已完成的近十部动画短片的基础上，根据《伊索寓言》中的一则故事改编，拍摄了中国第一部有声动画短片《骆驼献舞》(1935)，中国动画从此进入了有声时代。

## 迪士尼卡通片的影响

20世纪30年代，迪士尼动画短片和长片陆续登陆中国，在上海、北京等大城市的电影院上映，引起巨大轰动和观影热潮，迪士尼的卡通明星受到了中国观众的追捧，成为大家喜闻乐见的大明星。因此，迪士尼公司也从中获利丰厚。此时，中国本土电影业也深受震撼和启发，电影人出于经济利益和爱国主义的双重原因，开始踏上探索国产动画长片的征程。

1938年，轰动全球的迪士尼动画长片《白雪公主与七个小矮人》在上海上映，各大影院纷纷采取长期放映的方式，影片的热度仍达到一票难求的情境。如此盛况空前、盈利丰厚，使得一直嫌动画长片创作周期长、成本高、无利可图的电影公司老板们眼红了，跃跃欲试，也想拍摄一部动画长片。当时新华影业的老板"上海滩电影大王"张善琨"素来具有敏锐的商业眼光，且知人善任，长袖善舞，在各方面都很跑得转"，他看到了动画长片带来的商机。与此同时，多年来一直四处求人投资拍摄动画长片的万氏兄弟经上海新华联合影业公司导演方沛霖的介绍，接受了张善琨公司的聘请，成立新华联合影业公司卡通部。之后回忆起这段往事，万籁鸣老先生仍然激动万分地说"这真是两厢情愿，一拍即合"。于是万氏兄弟立即着手筹划拍摄动画长片《铁扇公主》。

在影片策划之初，根据中国四大名著之一的《西游记》中孙悟空三借芭蕉扇的故事情节，影片的名字应当叫做《孙悟空三借芭蕉扇》，但是万籁鸣执意坚持定名为《铁扇公主》。后来提及《铁扇公主》的创作过程，万籁鸣说："当时我思想上考虑的是，既然美国人可以搞表现他们西方民族特色的《白雪公主和七个小矮人》，我们当然也可以搞具有我国民族特

图 5-5 铁扇公主造型与迪士尼卡通人物米妮造型对比

色的《铁扇公主》。我忽发奇想,如果《铁扇公主》能够绘制成功,就可以有机会让全国人民也包括广大海外侨胞和一部分外国人一睹两位'公主'的芳颜,从思想内容到艺术形式作一个全面的比较。"其媲美《白雪公主》、挑战世界卡通最高水准的想法袒露无遗。实际上,《白雪公主》的震撼力的确在万氏兄弟心中留下了难以磨灭的印象,也成了早期万氏兄弟动画事业奋斗的目标。

《铁扇公主》的创作过程中,虽然万籁鸣坚持突出中国元素,但也不难看出多多少少受到了迪士尼动画作品风格的影响。影片的人物造型和景物造型运用了中国传统绘画元素。铁扇公主的脸型和身段都以中国武侠影片中的侠女妆扮为灵感,但当要表现铁扇公主在她丈夫牛魔王面前的妩媚姿态时,她眼睛的比例被拉大,几乎占全脸的三分之一,眼睛的睫毛也变得细长,根根分明,嘴唇更加厚实圆润,看起来很像美国迪士尼动画电影中塑造的经典女性形象(图5-5)。孙悟空的角色造型大脑袋、细长胳膊、细长腿、大手掌与大脚板,被认为形象有点像《蒸汽船威利》中的米老鼠。由于出现了这些美国迪士尼动画原型的影子,使得这部动画电影《铁扇公主》的艺术风格多了一层现代感。当需要表现各种人物动作时,如孙悟空在火焰山落荒而逃的身姿,沙僧的脸部不小心撞上了门槛,起身时五官却突然消失,万籁鸣的这些动作设计都与美国迪士尼动画电影的滑稽表演模式类同,为电影增添了美式动画电影的味道。

1941年9月《铁扇公主》摄制完成并上映,这是继美国《白雪公主》、《小人国》、《木偶奇遇记》三部动画长片之后世界上第四部大型动画片,是中国电影首次与美国电影在世界范围内被相提并论,中国动画电影藉此登上了一个高峰,也在世界动画史上写下了光辉灿烂的一笔。这部由万氏兄弟执导并配音的黑白动画电影，时长73分钟，讲述了唐僧师徒4人去西天取经，受阻于火焰山的故事：

> 唐僧师徒4人去西天取经，在火焰山受到烈火阻拦，不能前行。孙悟空、猪八戒到翠屏山芭蕉洞找牛魔王之妻铁扇公主借灭火的芭蕉扇，铁扇公主不肯借予。孙悟空通过变只小虫钻进铁扇公主腹内大闹骗得假扇后，又化作牛魔王的模样从铁扇公主手中骗到真扇；牛魔王得知后，又化作猪八戒的模样从孙悟空手中骗回扇子。悟空和八戒与公主和牛魔王经过几个回合的斗法，终得宝扇，扇灭火焰山的烈火，登上取经的路程。（图5-6）

图5-6 《铁扇公主》剧照
《青青电影》，1941年陈云裳新装特刊），－1页

当时的报刊对此给予极大关注，称这部影片"制作规模宏大，共有115名绘制人员，历时18个月，片长9760尺，放映1小时20分钟""据统计《铁扇公主》在大上海、沪光、新光、杜美四家影院一共放映了35天，一天最少一场，最多五场，一共大约放映178场，场场观众爆满""盛况空前，这在当时故事片中也是少见的"。《铁扇公主》的影响力不论从国内到国外都起到了不可估量的效应。在国内的范围，例如上海，就有"大上海""新光""沪光"三大影院同时公映，放映时长近两个月，影院内同样是人流如潮、座无虚席的景象，这是影院放映故事片以来都未曾有过的热度，更是有人评价到《铁扇公主》的问世，使得开埠后的上海市

民终于扬眉吐气、一展雄风。在重庆，同样得到了极其强烈的反响，还创下了香港电影的票房纪录。与此同时，对于国外的影响力也盛况空前，不仅在新加坡、印度尼西亚等地得到热映，甚至在日本的东京也放映了这部电影。许多的日本观众从这部影片中受益颇深，《铁扇公主》成为日本动画开创时期影响最深的动画片之一。享有日本动画之父之称的手冢治虫，正是通过观看了《铁扇公主》，最终决定放弃医学的研究，转而加入制作动画的队伍，随后他创作许多经典的动画巨作，例如《铁壁阿童木》、《跳跃》、《森林大帝》等，为动画在世界领域中呈现多元化的艺术风格增添光彩。尽管当时中国的动画技术落后、人才匮乏、资金不足，但是《铁扇公主》依然能够接近世界的先进水平，着实不易。而中国动画长片的产生，很大程度上是在迪士尼动画长片《白雪公主与七个小矮人》大卖的刺激下，被推上拍摄日程的。

二十世纪二三十年代迪士尼动画先后实现了从无声到有声、从黑白到彩色、从短片到长片的革命性跨越，为全球各国观众提供了越来越精彩绝伦的动画电影，深受观众喜爱。自从迪士尼动画登陆上海，观众看得目瞪口呆、爱不释手，出于对迪士尼动画和卡通人物的喜爱，观众们也越来越想了解这些动画和卡通人物背后的故事。因此，当时的一些报刊杂志开始撰文介绍迪士尼动画的制作过程、配音配乐、迪士尼工厂，以及华特·迪士尼本人的相关情况，迪士尼卡通知识在民国上海渐渐得到传播。

迪士尼卡通片在中国的影响不仅仅是为观众提供了逗笑取乐的动画电影，也不单单是创造了丰厚的商业利润，更重要的是它有着深刻的文化价值，并且对中国动画电影的艺术风格产生一定影响，还直接催生了中国动画电影长片的萌芽。

第六章

# 战和之间——迪士尼动画对上海的本土叙述

## 第六章 战和之间——迪士尼动画对上海的本土叙述

1928年5月,一位落魄的美国青年与朋友合作制成自己的第一部动画片《疯狂的飞机》,影片在好莱坞日落大道上演,主角是一只名叫"Mickey Mouse"的老鼠,影片上映后反映良好。受此鼓励,这位青年于同年11月,推出第三部米老鼠动画片《威利号汽船》,在好莱坞莱琴伯戏院上演,作为世界上第一部有声动画片,该片获得空前的轰动。

1938年,上海大戏院,由10年前那个落魄青年制作的长篇动画电影《白雪公主》在上海上映,引起全城轰动,人们争先恐后的购票,争睹白雪公主风采。而当年那位一文不名的落魄青年此时已成为享誉世界的动画艺术大师——华特·迪士尼,在中国一线城市几乎家喻户晓。

1940年12月的一个午后,欧洲波兰,纳粹德军对华沙的狂轰滥炸,致使断壁残垣,满目疮痍,死尸枕藉。可就是在这样一种恐怖而恶劣的环境下,当时在波兰的一位中国人却目睹到有两个男孩手持波兰报纸所载的米老鼠画报在自家被炸毁的房门前津津有味的读着,两人沉浸在童话世界中,似乎完全忘记了战争带来的痛苦。

……

选取上述几个断面,是想编织出这样一幅世界性的文化图景:迪士尼动画产业兴起于美国,但其制作的动画形象已经超越了美国本土,向着世界传播,它跨越了民族与文化的限制,有了世界性的文化意义。如果想解码这样一幅世界文化地图,有必要了解迪士尼动画产业中所具有的世界主义文化内涵。

# 一、迪士尼动漫中的世界主义内涵

近代以来，大型跨国公司集团和覆盖全球的大众传播系统是推动世界历史发展的重要力量。在全球化背景之下，跨国公司作为资本主义现代性的主要载体，拥有规模庞大的财政预算、训练有素的技术人员、数量巨大的投资、广阔无垠的市场。这种跨国公司其实力不仅体现在它们具有跨国的资本流动能力，还表现在它们所具备的强大的全球化意识形态和大众消费主义文化的生产能力。这种文化的思想和实践通过人们所熟悉的大众广告、商业包装与物质消费表征出来，并将越来越多的人口和国家吸引到跨国领域中来。这些思想和时间以及由此而产生的创意文化产品，由于不附带任何具有强烈民族主义色彩的文化背景，从而使民族国家和民族认同处于次要位置，它们能够像货币一样在世界消费文化市场上流通和交换。

近代大众传播媒介——报刊、广播、电影的产生，为众多的社会与政治共同体提供了一种提高群体认同，可资利用的技术手段。通过这些技术手段，形形色色的社会群体通过传播共享的文字、语言、声音、影像等文本资源，跨越时空的限制，维持社会和文化网络，建构了一种自我认同的形象，这突出的表现在不同语言文化背景下的民族所掀起的各自民族国家建构的过程，民族成为英国著名政治学家本尼迪克·安德森称为的"想象的同共体"。但不同于富有本土化色彩的民族主义文化。迪士尼动漫作品作为一种可视媒介，它的制作与传播途径却表征了一种新型的世界性全球文化的可能性。这种全球文化跨越民族界线，不受民族限制，是一种不与特定时间或空间相联系、没有民族根源与族裔的文化，它具有普适性的价值特点，它使本土观众弥合他们自身的欣赏观和"异国性"之间的差异。

民族文化的产生具有一定的时间性与空间性特点。从时间上看，它总有一定的历史性，它是特殊时期的产物；从空间上看，它有一定的地域性，产生于特定的地区。因此民族文化总是打上了特定区域族裔群体的烙印。全球性文化不同于民族文化，它超越时间与空间的限制，它的产生没有特定的区域，没有特定的时期，它不彰显任何地区与民族的历史与文化特性，它所蕴涵的内涵与价值具有广泛代表性，能够普遍的被全球各地民众接受与认同。这种混合的全球性文化具有3个明显的特点：普遍性、技术性和永恒性。

全球性文化的普遍性表现在其价值的普世性。迪士尼动画虽然在一定程度上表征了美国文化，但其所宣言的众多价值，在世界范围内能够畅通无阻，它所蕴涵的民族因素在感情上是中性的。迪士尼在题材选取和主题凝练上都表现了普世主义的内涵，电影里传达的爱情、亲情、友情是人类共同的情感；乐观、幽默、奋斗、博爱、善良等也是人类共同的优秀品质。经过普世价值包装的迪士尼作品，去除了对自身历史的追寻和社会背景的强调，淡化了意识形态，用人类共享的价值观念，以一种巧妙的方式，避免了因文化差异导致的心理上的不适和抵触，从而把美国大众文化商品推销到世界各地。正如林语堂当时指出的，"在我个人，我觉得这种银幕上的动物化了的卡通正是人类最大的幸福，因为这一种艺术形式，有着一种他种艺术形式所不能有的特点：超越了时间与空间的限制，并且使一切人类的想象都能传达。正像电影以其较自由的剧本处理以及可以雇佣大量的临时演员从事大规模的生产而跳出了舞台的限制一样，这种动物化了的卡通也脱出了摄影机的限制"。当时民国的一些电影报刊编辑也指出,"生人表演的电影,常因风俗习惯语言隔阂难期通行世界,且生人表演的电影,如须作到美满动人,置景道具等等费用皆必浩大惊人。活动画则无以上限制,费用虽少亦可作到精美动人,中外同赏的地步。迪斯尼活动画所以能比任何其他电影更有世界销场便是依此秘诀"。[1] 华特·迪士尼本人也以自己所创造的米老鼠形象所蕴涵的普适性价值引以为豪,1938年,他曾对来访的客人说:"十年前,我们采用声音与影像,产生一个小'角色',成为国际上逸趣与理解的象征,这角色就是米老鼠。米老鼠实际上不仅是一个象征,它在电影中开辟了一个新的园地,当时的动画影片仅仅是电影的一个庶子,今日却在整个的娱乐事业中占着一个重要的地位。"[2]

全球文化技术性表现在其制作过程具有统一的工艺流程,其生产者由技术型知识分子取代早期人文主义以及通常是民族主义的知识分子。由此,全球文化的生产过程抽离了带有民族感情的因子,从而由一项精神文化生产变成一种纯技术性生产。迪士尼动画影片,由色调单一的默片发展到色彩斑斓的彩色画片,从默默无声到具有多重变奏的有声动画,由情节简单的短片向故事结构复杂的长片过渡,由纯粹拟人化表演到真人与动漫形象同台共舞,每一阶段的发展都是技术创新推动的结果。

据当时的报道记载,迪士尼动画制作工厂培训了众多技术优良的绘画师,其配音,布景,经历生产线式的制作过程。当有人恭维华特·迪士尼为哲学家与艺术家之时,他不以为然,强调自己仅仅是在进行一种商业化的生产活动。迪士尼制片厂曾设专门的学校,以培养绘画人才,其训练期为6个月,学生大多数是美术学校出身,或者曾经在报刊上绘制卡通画。

---

[1] 活动画大师迪斯尼会见记. 电影与播音, 1943, 2 (1).
[2] 活动画大师迪斯尼论未来的活动画电影. 电影与播音, 1944, 3 (3).

很明显，迪士尼动画影业对制作人员的技术专业性要求不言而喻。在《木偶奇遇记》的制作过程中，其技术之复杂，要求之严格超乎寻常。根据中国国内的相关报道，《木偶奇遇记》制作费时两年多，绘制了45万张画稿，这还不包括初步的画稿，故事的素描，人物模型和装配布置的画稿。制作人员高达两千余人，包括故事作家、画家、导演、音乐家、作曲家、摄影师、工程师、化学师等。每一个流程都有一定的专业技术要求，层层分工。

因此，当时中国的报刊上对此感叹："摄制卡通片并不是一件容易的工作，它底繁难情形，大家都知道。华德狄斯耐，动员几百人，化了好多年心血，才能完成一部白雪公主。即是中国的铁扇公主，报上不是也说要二百多人才能画成的吗？而且这两百多个人，并非阿毛阿狗，而是画家！因为卡通片的人物，是死的不会自己动作。必须画上个几十张，才能表示出一个动作来。比方说举手吧，几十张画都是差不多，只是手逐渐提高，这几十张画里的背景，都是一律的。因此摄制卡通者便感到这层重复工作的麻烦"。[1]

全球化文化的永恒性表现在它没有时间性。这种人为的标准化的普适文化追求一种难以捕捉的现时性，它没有历史背景，没有发展节奏，没有时序意识。这种全球化文化没有前因后果，无始无终，也许会为了阐释的目的而开发过去，或者偶尔使用过去特定时间内折中性反复变化的主题，但是它却不具有明确的历史定位。在剥离了超越当前的发展意识，并与所有"根"的思想相异之后，真正的全球文化是流动的、无处不在的、无形的，又是历史根底肤浅的。[2]

---

[1] 载扬. 卡通摄制新发明. 申报, 1941, 12 5 (12).
[2] ［英］安东尼·史密斯. 全球化时代的民族与民族主义. 龚维斌，良警宇译. 北京：中央编译出版社，2002：22.

迪士尼动画中的米老鼠形象可谓突出体现了这种永恒性。米老鼠的产生具有较大的偶然性，它不是对已有的历史形象的再加工创造，在时间格局上，它没有明显的位置，可谓"放之四海而皆准"。无论在世界的任何角落，其可爱滑稽的形象都令人忍俊不禁，引起人们的共鸣。其他各个经典形象，如唐老鸭、白雪公主、木偶匹诺曹等，也不具备明确的历史背景。

以上的文化品格使迪士尼动漫形象摆脱了特定的历史与民族文化的束缚与限制，从而能够使得具有不同文化体验的民众理解和接受，这也是 30 年代初，迪士尼动漫在上海能够传播的重要原因。但迪士尼动漫形象在上海的流行所依托的不仅在于这种普适性的文化价值内涵，它长期迷倒众生的原因还在于它能够结合当时上海特殊的城市文化背景，形成一种本土化的转变与传播。

## 二、迪士尼动漫在上海本地化的传播

1938 年的 12 月 25 日，是西方传统的圣诞节，惨烈的"八一三"炮火余烬尚未平息，但似乎并没有搅扰租界内人们过节的热情。华灯初上的上海滩已被时人点缀一新。当人们踯躅街头，灯光璀璨的商铺里，商品琳琅满目，但人们会发现今时不同往日的是，在琳琅满目的商品架上，多了以白雪公主与 7 个小矮人形象设计的商品。白雪公主香粉、白雪公主牙膏、白雪公主被单、白雪公主帽子、白雪公主烫印纸、带有白雪公主与 7 个小矮人图案的面具，甚至还有以小矮人头像为封面人物的报刊，各式物品应有尽有。报上的广告甚至用富有浪漫的笔法，说白雪公主已降临上海滩，将在这个远东不夜城度过今年的圣诞节。汹涌的人潮涌向各大商店，"各大公司的玩具世界中，也满是展列着白雪公主与伊的，7个矮人。成千成万的儿童，甚至于是大人都走往那里去瞻仰那高大的白雪公主的肖像。有白雪公主的洋囝囝与小的老顽固，快乐，博士等等的画片。这些矮人的面具也到处有出售。"其超高人气与热销场面，不亚于今日的"灰太狼与喜洋洋"。

其实这股"白雪公主热"早在圣诞节前夕就初见端倪。南京路上的先施公司在12月10日，就借助"白雪公主"的招牌搞起了营销。公司在三楼特别开辟了一处园地，命名为"儿童世界"，里面布置了白雪公主的真实场景，有"温柔美丽的小公主"，有"恶毒丑脸的老太婆"，还有"令人发噱的七矮子"。编者在报上用充满田园风格的文字，描绘了"儿童世界"瑰丽的童话色彩。

>一座西洋式的尖顶木屋，围绕着绿油油的树木，五光十色的花草，满带着乡村和园林的风味。七个矮人，恰在两颗大树上跳跃，像活的一样。还有那白雪公主，也像一位活美人一般呈现在我们的面前，仿佛还听到那呖呖如黄莺的歌声哩。除了白雪公主和七矮人外，四周还有大大小小的各种玩具，这真是你们平常爱慕的恩物，可以给你们看一个饱。多美的儿童世界啊，它正开着大门欢迎小朋友去参观，你们一跑上四楼，就无异亲自跳上银幕去，参加了白雪公主和七矮人的愉快的场合。

这样魔幻的童话世界，应该是让任何一个小朋友都心驰神往的吧。

**小贴士** 先施公司——民国时期广州规模最大的百货公司之一，1894年由澳洲华侨马应彪在香港开办。后又在广州、上海等地开办分公司，其中上海先施分公司于1917年开业，地处上海南京东路浙江路口，占地约1公顷，为七层的百货公司。在南京路旧商业中心的四大公司（先施、永安、新新、大新四大百货公司）中，先施公司创立最早。该公司率先实行明码实价、橱窗陈列、分柜售货、多功能服务、专人开票收款、免费送货、固定营业时间、雇用女售货员等方式，深受顾客欢迎，并引领了当时的商业时尚。

其实，白雪公主与7个小矮人对上海儿童来说，并不陌生，早在影片上映前，他们就在故事书中读到。1916年《妇女时报》在第19期刊载了译自德国文学家格林的童话小说《白雪公主与七个小矮人》。但此时的白雪公主还是"养在深闺人未识"，默默无闻的静卧在上海其他书刊册页之中。但编者与中国的小读者也许不曾料到20余年后，白雪公主像米老鼠一样均成为家喻户晓的动漫明星人物。

1938年的圣诞节，在上海滩之所以能够掀起一股"白雪公主旋风"，还得从半年前上映的动画片《白雪公主与七个小矮人》说起。1937年12月21日，迪士尼第一部动画长片《白雪公主与七个小矮人》在美国上映。半年之后，也就是1938年6月2日，这部影片正式登陆大上海大戏院和南京大戏院。甫一上映，风行海内，一度成为年度最卖座的电影，甚至一票难求。人潮争相涌入上海南京大戏院、大上海戏院、丽都大戏院、光陆大戏院、平安大戏院、辣斐大戏院、浙江大戏院、恩派亚戏院，举城若狂，都想一睹白雪公主的芳容。尤其是小孩子，被这种动画电影彻底征服，正如时人所评论的，"无论是中国或是外国小孩，现在都已把爱羡秀兰邓波儿的心，转移到白雪公主身上来。以前，秀兰的洋囡囡极受欢迎，今年的大众爱物，就是这白雪公主"。该片的热闹场面，甚至在第二轮影院公映时，"每日连映五场，而无场不满"。

但戏谑之处在于，上海的民众在内心深处似乎还未曾完全接受电影中完全洋化的卡通人物形象，人们更乐见以一种富有中国特色的方式对其改造与吸收。因为电影仅是暂时性的传导了白雪公主与7个小矮人的影像，而真正让这些虚拟偶像走向千家万户，镌刻进人们内心深处记忆的却是各式各样的广告与商品。因此，在迪士尼动画充斥银幕的同时，有关迪士尼动漫的创始人，迪士尼动漫形象图画也开始登陆上海滩，充

图6-1 漫画《白雪公主的八仙过海》
《申报》,1938-12-25 第14版

斥于报纸、杂志、广告中,从而使得电影的偶像人物化作商业品牌,发挥商业价值。因此,正是白雪公主电影的上映,紧随其后便出现了上文中的商业化浪潮。商业随着电影的发展而发展,而电影中的人物形象则随着商业活动的发展而发挥深入而持久的影响。

1940年11月22日上海国联公司特地拍摄了中国版本的《白雪公主》。如果说一年多前的洋版《白雪公主》,观众看起来还有些新奇与陌生,此时在新光大戏院开映的中国《白雪公主》,则完全去除了原有的文化隔膜,成为一种利用外国故事素材实现中国本土化的自娱自乐。

假如说中国版的《白雪公主》还不能完全说明当时中国人改造西方文化的心情,那(图6-1)的这幅漫画则很传神地表达了这种内心的诉求。也是这年的圣诞节,《申报》登载了一幅倪长民的漫画,漫画名叫《白雪公主的八仙过海》。画中的白雪公主与她的七个小矮人化身为中国神话中的八仙,乘船渡海,白雪公主手捧莲花化身何仙姑,7个小矮人分别化身为铁拐李、吕洞宾、汉钟离、张果老、韩湘子、蓝采和曹国舅,他们手中各自拿着代表八仙身份的"法器",如铁拐、笛子、花篮等。漫画作者也许仅是一种插科打诨的幽默戏谑心理,但这幅漫画中人物土洋结合,中西合璧的装扮风格，恰恰表征了当时上海地区中西杂糅的社会文化生态。它也进一步说明，西来文明只有与中国本土文化结合，才能实现本土化的传播。

打着白雪公主招牌大作广告的商家商品，不可胜数。但位于九江路的吉逊行出售的白雪公主香粉，可谓抓住了白雪公主形象与自家商品之间的联系。该商家将白雪公主"雪白"形象与妇女美白的隐喻意义巧妙地结合在一起，正如其在广告词中所宣称的"白雪公主香粉有伟大的效力，来修正你面部一切缺陷，搽了会使你像白雪公主一样的受人欢迎"，广告词中宣扬的现代女性美白观念不言而喻，"白雪公主香粉又施除去狐臭，常搽两腋即觉幽香阵阵，时代女性不可不备焉，分雪白玫瑰肉色三种"。爱美之心人皆有之，自古以来，女为悦己者容。但在此广告中，商家却将美白与现代女性形象联系在一起，在直接宣传商品的同时，也间接传播了现代美容观念。

1938年的双十节，白雪公主香粉在广告中在强调是现代妇女们不可缺少的美容品的同时，还在广告词上方直接印有"恭祝国庆"4字（图6-2）。商家有意将产品的推销与国家的节日联系在一起，在直接传播自家商品名誉的同

图6-2 白雪公主香粉广告
《申报》，1938-10-10 第46版

时,也间接性渗透了国家观念,起着唤醒国人国家民族意识的作用。

如果说白雪公主是深植于西方文化土壤中的童话人物,还未能与本土中国文化结合,那么没有历史与文化深度的米老鼠形象的本地化,就显得特别突出。张爱玲曾在一篇文章中说:"卡通画的事业现在可以算很光明灿烂了。画片除了配音之外,又加上绚烂的色彩;米老鼠的画像成为圣诞的商店里最好的点缀;有许多观众上电影院去专为看米老鼠。"米老鼠形象通过电影、广告、商品被广泛传播的同时,还被一些文人编入以中国文化为背景底色的故事中,作为儿童读物,广为流传。在由中华书局编印的一本名为《米老鼠漂流记》的长篇童话中,作者开篇介绍了米老鼠的家庭背景:

> 米老鼠住在耗子村里,他是一支很伶俐的老鼠,并且又极富有冒险性,他的爸爸是一个很有私蓄的老商人,他希望他的儿子米老鼠,将来能进法政大学念书,毕业后好做个律师,这样,他的财产也就有了保障。

文中"老商人""法政大学""律师"反映了作者自身在上海滩的生活体验,是对商人占主导地位的上海社会的隐喻,"法政大学"这一富有中国特色的称呼,是西学传播后中国教育制度改革后新式教育特色的体现,米老鼠成长的环境被赋予了完全中国化或上海化的环境特色。

存在主义代表人物萨特曾说过:"我们对于自我的感觉取决于我们作为另一个人所凝视的目标的存在。"将这句话用大白话翻译出来就是:我们对于自我的感觉,取决于其他人对我们的关注。一言以蔽之,自我形象的感知与认同往往透过他人的关注而形成。不同于中国商人通过商品将动漫符号传播给民众，知识分子借助米老鼠这一外来的动漫形象，"凝视"上海这一现代性都市中的社会问题。众多报刊编辑，将米老鼠作为一个"他者"，从他者的角度，透过这一滑稽幽默的形象，展现出上海的风情，关照上海的社会形态。

二十世纪三四十年代，作为东方巴黎，魔都之城，繁华旖旎的上海滩在拥有风华绝代的欢娱同时，也充满着曾经沧海的忧伤。花开花落，人间的悲喜剧在这里一再演绎，诠释着这座城市令人迷醉蚀骨的魅力，而本土画家的米老鼠漫画作品则为这一切做了注脚。

民国时期的上海，除了当时的《小主人》《小朋友》《少年良友》《儿童世界》等少儿杂志会刊载相关漫画之外，《滑稽世界》《健康家庭》《知识画报》等其他类型期刊也会刊载米老鼠漫画和米老鼠故事。到了1939年前后，上海报刊出现了一批以米老鼠为主角的本土长篇漫画作品，其中以《世风》杂志上的《米老鼠游上海》（范琅作品）以及《电声》杂志上的《米老鼠》长篇连载漫画较为著名。

差不多十年之后，本土米老鼠长篇漫画作品再次出现在公众面前。上海漫画杂志《图画世界》从1948年总第42期开始连续刊载《米老鼠》故事至1949年总第57期为止。少儿刊物《儿童世界》1948年也连续刊载了了漫画故事——《米老鼠游上海》。故事以图文并茂的形式介绍了米老鼠在上海滩的一系列奇遇，该漫画故事由"猫皮大衣""除夕""发财梦""儿童节的礼物""拆穿西洋镜""月亮也是美国的好""希、墨到上海""大闹运动会""小黑人""何必回国去""好礼物""不会饿死的秘诀""拍苍蝇""逃难"14个独立小故事组成，每个故事都由公超配文，舜田作画。抗战胜利后的人们并未迎来热盼的和平，此时的米老鼠形象也少了一份天真，多了几许辛辣。画作者开始以漫画特有的夸张笔调入木三分的描绘了当时上海滩种种怪现象，在勾勒这座城市摩登性格的同时，也批判了当时人们对财富与奢靡生活的疯狂追求，更揭示了这个口岸城市存在的中西文化冲突。

在这些作品中，《猫皮大衣》（《儿童世界》1948年第4卷第2期）的故事开端，乘坐美国军舰而来的米老鼠初登上海滩，美国军舰——暗示了米老鼠作为外来"他者"的身份。"明星"米老鼠受到上海老鼠界的热烈欢迎。但这引起米老鼠的疑问，上海这么多的老鼠却不见一位猫儿，上海鼠界代表的回答，既充满了幽默，又具有极大的讽刺性。"上海的许多猫都穿在太太们身上了"，"太太们要漂亮，欢喜穿猫皮大衣，因为就有人偷猫，剥下皮来做大衣，猫儿们为了有钱人的体面与漂亮，把生命牺牲了"。

在随后的日子，米老鼠遇到众多令他感到奇怪的事情。《发财梦》（《儿童世界》，1948年第4卷第4期）讲述米老鼠在静安寺游玩时，"路遇一个绅士在向路边的石菩萨磕头，求菩萨保佑赚很多钱，米老鼠随即拿出美钞在绅士头上晃悠，绅士不顾体面过来抢夺，而美钞被大风吹上电线杆上，绅士又朝电线杆上爬，当美钞飘落到大汽车下后，绅士又爬到汽车底下"。以上两幅漫画，无疑是对上海疯狂的拜金主义最真实的讽刺。

上海租界林立，华洋杂处，殖民主义与民族主义的冲突由来已久，西方殖民者的优越感始终是知识分子心中挥之不去的梦魇。《拆穿西洋镜》（《儿童世界》1948年第4卷第6期）的故事就对西方殖民者的这种优势感进行了无情嘲弄与讽刺。"一个外国新闻记者，在古董店里买了一条假辫子，他叫一个乡下人在瓜皮帽下面压住了那条辫子，拖下来。预备给他拍照，寄回他本国去，说：'瞧瞧中国人，还是这样子'。正在拍照的时候，米老鼠经过看见了，他悄悄地过去，把辫子一扯，于是辫子便离开了乡下人的帽子，拿在米老鼠的手中。照片上印出来的是乡下人的背景，没有什么辫子。外国新闻记者的计划完全失败。"显然这幅漫画，隐含了中国人对外国人特权地位的不满，表达了强烈的反西方殖民者的民族主义立场。同时，故事还对一些所谓的"新派"人物崇洋媚外的思想进行了夸张的讽刺。

《月亮也是美国好》（《儿童世界》，1948年第4卷第7期）的漫画故事则讲到："米老鼠在外滩公园里，静悄悄地看着天上的月亮，忽然想起他的祖国（美国）来。一个穿西装的中年绅士，走进他身旁，他是一个留美学生，自称是乔治张，他跟米老鼠攀谈起来。乔治张说：'米老鼠先生，你在想美国吗？我也在想美国呢。美国什么都好，美国的月亮是永远圆的，太阳是一年四季温和的，美国人个个是富翁，没有一个穷光蛋。美国人放的屁个个都是香的。'米老鼠听得不耐烦，把一张夜报塞给他看，报上大标题：美国矿主生活苦，数十万人大罢工。乔治张羞愧得无地自容。"

以上几个小故事，仅是漫画作品《米老鼠游上海》其中的几个小片段。纵观这一漫画作品，其故事发生的空间地点有上海外滩、南京路、马霍路（今黄陂北路）等，时间点选择有除夕、中秋节、儿童节等，所关注的主题有饥饿、拜金、贫富差距、战争和平、中西冲突等问题。在该漫画作品中，可以深刻感受到当时作者借助米老鼠形象所讽刺的上海城市问题。漫画作者虚构的一个米老鼠游上海的故事，将外来的"他者"米老鼠放置于中国的社会环境中，从一个外来他者的角度"凝视"上海，无论这些漫画作品是否真实地反映了当时上海社会的客观环境，它们都隐喻了上海民众对上海社会现实的一种认知与体验。借助描写米老鼠这一"他者"在上海的奇遇，作者一方面传播了迪士尼动画形象，另一方面以一种揶揄的方式表达了对上海这座城市形象的认知。

借助电影、书刊、图画、商业广告等媒介，迪士尼动漫形象实现了在中国本土化的传播，它一方面带给读者一种视听上的愉悦与享受，另一方面增添了上海的摩登元素，形塑了民众对上海城市的体验与认同。迪士尼动画影片不仅在中国生产出众多富有中国特色的文化衍生品，在抗战时期也与中国有着一段不解之缘。

## 三、迪士尼与中国抗战

1941年5月28日，重庆蒋介石官邸，正忙于指挥抗战的蒋委员长突然收到一份来自大洋彼岸的特殊礼物，当年5月29日《申报》第五版上的一则新闻翔实地描述了该礼物："礼物寄自美国好莱坞，是一份人造象牙片，上面绘有六枚彩色香菌图案，作跳舞状。其上署名向蒋介石将军致敬，下属狄斯耐敬赠"。狄斯耐即当时大名鼎鼎的华特·迪士尼。新闻的真实性，令人怀疑，因为这种制造噱头引人注目的消息在当时的新闻界举目皆是，但新闻中最后提到"狄斯耐对于中国救济运动，一向赞助甚烈"一句话，似乎又在明白无误地告诉人们，迪士尼本人确实在帮助中国的抗战运动。而有迹象表明，迪士尼在中国抗战时期，确实给予过中国一定的帮助。因为抗战爆发不久，华特·迪士尼就担任了美国援华总会洛杉矶分会主席，积极赞助中国抗战事业。其之所以出任这种社会性的职务，似乎要从迪士尼在华的知名度说起。

迪士尼影片在中国的成功上映，不仅使以迪士尼动画形象为商标的商品大行其道，而且还使华特·迪士尼本人被作为一个传奇式人物在中国名声大噪。"艺坛怪杰""艺术巨人""艺术大师""卡通圣手""卡通大师""卡通鼻祖"等名号接踵而来,有关迪士尼的报道也铺天盖地而来。华特·迪士尼的成功故事也在中华大地上广为流传,这些众多迪士尼成功故事的版本具有一种统一的话语模式,在这种话语模式中,迪士尼起初是一个出身寒微,默默无闻的穷小子,但具有远大的理想,刻苦的精神,坚强的毅力与聪明的头脑,最终通过不懈努力获得成功,其制作的动画片也为他攫取了巨额财富,终成一代动画娱乐大亨。华特·迪士尼本人由籍籍无名的穷小子而一跃成为独霸一方的动画娱乐大亨,其本身奋斗发家史,在上海这一浓厚的商业氛围下,极具有吸引力和魅力,极度契合上海大众消费主义文化的商业气质。快速的商业活动,需要快速的消费文化产品,一夜成名的发家史,更能契合当时小市民期望暴富的心理。繁华旖旎的十里洋场也乐于传播这一奋斗与财富神话,从而激发栖身底层社会大众对成功与名望的无穷想象与追求。也许正是由于在当时的中国具有极高知名度和人格魅力,加之迪士尼动画影业在中国拥有广阔的市场,华特·迪士尼本人出任美国援华总会洛杉矶分会主席也就顺理成章了,而其在1941年赠送蒋委员长礼物也就毋庸置疑了。虽然迪士尼本人积极襄助中国抗战运动的具体细节尚不清楚,但他曾经所拍摄的动画影片在中国的抗战活动中的确曾发挥过一定作用。

1940年5月1日,山城重庆,国泰戏院正在放映着《白雪公主与七个小矮人》影片,此时台下坐着一位英国妇人,她似乎无心看电影,而是时不时地往后看去,她极度担心今天影院的上座率。原来这次影片的放映正是由她策划发起的,她是时任英国驻华大使卡尔的夫人。影片计划放映3天,筹集的善款用于赞助中国战时儿童保育会经费。首映第一天,时任国民政府外长的王宠惠和重庆市长吴国桢均代表国民政府出席。一时间,高朋满座,济济一堂,共赏动画电影。在影片正式放映前,事先播放了香港防务短片与绥西中国军队胜利的新闻片,曾引起台下观众的一片骚动。令卡尔夫人最后欣慰的是,"放映三日,场场爆满",最后集资1.6万余元。她将这笔钱亲自转交宋美龄,宋美龄特设宴款待了卡尔夫人,表示感谢。卡尔夫人利用《白雪公主与七个小矮人》影片,短时间内集资到钱款,也说明在战时《白雪公主与七个小矮人》的魅力长盛不衰,可说是迪士尼动画对中国抗战的一点小贡献。

可笑的是,同样是观赏长篇动画影片《白雪公主与七个小矮人》,与卡尔夫人捐助中国抗战运动目的不同的是,与盟军在战场上厮杀的日军一方,当时的日本驻华公使夫人利用放映该片作为一种社交的手段,借以笼络当时汪伪政权内部的各位权要的夫人们。

1942年8月16日晚,南京,"火炉"的炎热刚刚散去,夜色清凉,似乎带来了一丝凉快,在日本驻华公使馆官邸花园,高朋满座。日本大使重光葵夫人邀请了汪伪政权外交部长褚民谊的夫人,财政部长夫人等各部长夫人和家属举行纳凉电影晚会,影片为迪士尼长片动画《白雪公主与七个小矮人》。但就在此时,遥远的太平洋上,美日军队正在瓜达尔卡纳尔岛上激烈鏖战。这次战役被美国总统罗斯福称为平太平洋战争的转折点,此役日本大败。从此,美军在太平洋上从战略防御转为战略进攻,美日军队攻守态势的改变,加速了日军的战败。

从以上故事可以看出,敌我双方都在利用迪士尼动画影片作为"夫人外交"的手段而加以利用,以发挥对中国政治的影响力。这不得不说是抗战中,迪士尼动画在中国抗战中所发生的有趣插曲。

# 结　语

　　以米老鼠为主要代表的迪士尼动漫偶像，作为一种流行性的拟人化明星，表征了一种正在成长的世界性娱乐消费文化产品，为了让它们在世界各国与各地区之间畅通无阻，必须剥离其自身的文化背景所叠加给它的民族元素，以一种含糊的又具有普遍性的价值观，走向世界。但当它传播进入中国，成为一个流行性的娱乐符号之时，得益于这一得天独厚的商业环境，在上海都市空间中实现了商品与文化意义的再生产。商业嗅觉灵敏的商家，立马利用它蕴涵的商业符号价值，将其引入产品广告中，作为产品形象代言人。在其由娱乐明星转化为商业广告代言人的过程中，迪士尼动画中的全球化世界主义的品格，巧妙的转化为富有中国特色的文化内涵，从而塑造了上海的摩登与时尚元素，同时又间接传播了现代文明观念，以至于在中日敌对的抗战背景下，敌我双方都在外交场合利用这一娱乐符号，将其作为笼络人心的消遣性工具资源。

　　抗战胜利之后，迪士尼动画电影在大陆曾有过短暂的辉煌。1949年5月27日，上海解放，风靡上海滩的美国电影在大陆的放映已是时日无多。伴随着中华人民共和国的成立，政治意识形态的分歧波及影片的放映。朝鲜战争爆发后，中国掀起反美浪潮，1950年11月，上海影院全面禁映美国影片。一时间，活跃于银幕的米老鼠、唐老鸭、白雪公主、匹诺曹等经典迪士尼动画形象在中国内地几近销声匿迹。直到30年后，中国实行改革开放，这些经典动漫形象才又重新陆续回到人们的视线中。当1986年迪士尼公司与中央电视台签署历史性的许可协议，米老鼠和唐老鸭卡通开始每逢星期日在央视黄金时段播放，历经数十年的时代潮汐，政治清浊涤荡的中国民众，似乎依然着迷于这些经典动漫形象所带来的精神愉悦与享受。迪士尼动画片继成为"八零后"，"九零后"的童年记忆之后，又继续在"零零后"，"一零后"儿童中保持其长盛不衰的吸引力。2016年，上海迪士尼乐园开园在即，从此上海民众可以更近地感受迪士尼文化的冲击力，对上海市民来说，迪士尼影业曾经的离去与现在的回归，似乎也可以映照汇丰银行重回中国市场之时提出的那句暧昧多情的广告词——"从来不曾远离，从此离你更近"。

图书在版编目（CIP）数据

迪士尼上海往事：民国时期的城市记忆／上海图书馆文献提供中心编著 .—上海：上海科学技术文献出版社，2016.3
ISBN 978-7-5439-7010-6
I. 迪… II. ①上… III. 文娱活动－文化史－史料－上海市－民国 IV. ① G249.29
中国版本图书馆 CIP 数据核字 (2016) 第 072234 号

### 迪士尼上海往事——民国时期的城市记忆

编　　著：上海图书馆文献提供中心
责任编辑：祝静怡
整体设计：袁银昌
设计排版：上海袁银昌平面设计工作室　李　静　胡　斌

出版发行：上海科学技术文献出版社
地　　址：上海市长乐路 746 号
邮政编码：200040
经　　销：全国新华书店
印　　刷：上海界龙艺术印刷有限公司
开　　本：787×1092　1/16
印　　张：10
字　　数：120 000
版　　次：2016 年 6 月第 1 版　第 1 次印刷
书　　号：ISBN 978-7-5439-7010-6
定　　价：96.00 元